SILVIA VON SCHWEDEN
Eine deutsche Königin

Norbert Loh

SILVIA VON SCHWEDEN
Eine deutsche Königin

Weltbild

Besuchen Sie uns im Internet:
www.weltbild.de

Genehmigte Lizenzausgabe für Verlagsgruppe Weltbild GmbH,
Steinerne Furt, 86167 Augsburg

Umschlaggestaltung: Agentur Feedback, München
Umschlagmotiv: gettyimages, München
Gesamtherstellung: Clausen & Bosse GmbH,
Birkstraße 10, 25917 Leck
Printed in Germany
ISBN 3-8289-7546-1

2007 2006 2005 2004
Die letzte Jahreszahl gibt die aktuelle Lizenzausgabe an.

Für alle Kinder dieser Welt,
die einen Menschen wie
Königin Silvia so sehr brauchen

Inhalt

I

Tochter zweier Welten

»Die Liebe meiner Familie
hat mein ganzes Leben geprägt«

Arm in Arm machten sich Walther und Alice Sommerlath auf den Weg in die Heidelberger Privatfrauenklinik von Dr. Erna Glaesmer. Es war am frühen Vormittag des 23. Dezember 1943. In Deutschland herrschte Krieg, doch an diesem Tag rückte das Weltgeschehen für Walther und Alice Sommerlath in den Hintergrund. Die Sonne ging über dem Neckar auf und ließ die Schneeflocken wie kleine Kristalle tänzeln.

»Wir sind gleich da, Alice, geht es noch?«, fragte Walther besorgt.

Seine hochschwangere Frau nickte und schmiegte sich dichter an ihn. »Die Jungs sollen heute Mittag Kartoffelbrei essen«, sagte sie leise, »das mögen sie am liebsten.«

Walther gab ihr einen flüchtigen, aber zärtlichen Kuss auf die Wange. »Sonst hast du keine Sorgen?«

Alice schüttelte den Kopf und schaute ihren Mann verliebt an. Die Jungs, das waren ihre drei Söhne Ralf, Walther junior und Jörg. Eine Nachbarin in der Fünfzimmerwohnung in der Dantestraße 28 passte auf sie auf, während

Walther und Alice der Ankunft eines weiteren Kindes entgegensahen.

Der grauhaarige Pförtner in der Klinik lächelte milde und telefonierte nach einer Krankenschwester.

»Es wird unser vierter Sohn«, sagte Walther und schaute Alice mit einer Mischung aus Stolz und Besorgnis an. »Wissen Sie, meine Frau kann nur Söhne kriegen.«

Der Pförtner zuckte mit den Schultern, eine Hebamme nahm Alice in Empfang. Die Wehen kamen in immer kürzeren Abständen. Alice drehte sich auf dem Weg in die Entbindungsstation noch einmal um und warf Walther einen Handkuss zu. Er versuchte zu lächeln und winkte ihr nach.

Der werdende Vater ging ans Ende des langen, weiß getünchten Flures. Er schob einen roten Weihnachtsstern in einem Messingübertopf zur Seite und schaute aus dem Fenster. Es hatte aufgehört zu schneien. Dick vermummte Menschen machten die letztmöglichen Besorgungen für das Weihnachtsfest. Eine Frau rutschte aus. Ein junger Mann mit einem sehr kleinen Tannenbaum unterm Arm half ihr auf die Beine. Sie schien nicht verletzt zu sein. Walther reckte den Kopf. Vor der Klinik sang ein Kinderchor »Es ist ein Ros' entsprungen, aus einer Wurzel zart …« Ein Mann rannte außer Atem an Walther vorbei und rief: »Die singen für meine Frau, sie hat einen Jungen bekommen!«

Walther freute sich mit ihm. Er kannte dieses Gefühl sehr gut. »Eigentlich schade, dass unser vierter Sohn kein Christkind wird«, ging es ihm durch den Kopf.

Laute Schritte ließen ihn aufhorchen. Die Hebamme war auf dem Weg in ein anderes Krankenzimmer und schüttelte den Kopf: »Das dauert noch. Sie können beruhigt für ein paar Stunden nach Hause gehen oder etwas erledigen.«

Das machte er. Der Kartoffelbrei für die Jungs!

Gegen vierzehn Uhr war Walther Sommerlath wieder in der Klinik. Er hatte es irgendwie geschafft, eine Rose aufzutreiben, und eilte erwartungsvoll an dem immer noch milde lächelnden Pförtner vorbei in den ersten Stock. Auf der Treppe zog er seinen dunkelblauen Mantel aus und legte ihn sich über den Arm. Sein Herz rutschte ihm fast in die Hose, als er die Hebamme sah. »Ist alles gut gegangen? Wie geht es meiner Frau? Ist der Kleine gesund?«

Sie stützte die Hände in die Hüften. »Nicht so nervös, junger Mann«, knurrte sie, doch ihre Augen blickten freundlich. »Es ist alles in Ordnung. Keine Komplikationen. Aber das Baby hat es nicht eilig. Gehen Sie ins Besucherzimmer. Sie können hier nichts tun.«

Im Besucherzimmer stand ein Weihnachtsbaum mit silbernen Kugeln, roten Schleifen und roten Kerzen, die aber nicht brannten. Walther stand allein in diesem Raum und brannte vor Sehnsucht nach seiner Frau, die ein paar Zimmer weiter das vierte Kind bekam. Seine Gedanken machten eine sentimentale Reise in die Vergangenheit zu dem Tag, als er Alice kennen gelernt hatte. Liebevoll dachte er an jene Augenblicke zurück, die ihn auch später noch, als er bereits ein hohes Alter erreicht hatte, stets mit Stolz erfüllen sollten.

Es war im Sommer 1924 in Brasilien gewesen. Die gerade siebzehn Jahre alt gewordene Alice de Toledo aus Sao Paulo hatte mit ihren Eltern eine der schönsten Städte de Welt besucht: Rio de Janeiro. An der Copacabana war sie mit ihrer Freundin Maria spazieren gegangen, als diese plötzlich laut zu schreien anfing. Ehe es sich Alice versah, war Maria zum Strand hinunter gerast. Ein Junge war von einer Riesenwelle erfasst worden und schrie um sein Leben, während er verzweifelt mit den Armen um sich schlug. Voll bekleidet hatte sich Maria in die Fluten gestürzt und nach dem Kind gefischt. Da tauchte plötzlich ein junger Mann neben ihr auf und hielt den Jungen mit festem Griff im Arm. Gerettet! Geschwister oder Freunde des Kindes hatten es in eine Hütte am Strand gebracht.

Maria war erschöpft gewesen und hatte vorsichtig das Wasser aus ihrem Rock gedrückt. Alice war um sie besorgt – sie hatte selbst nicht in die Wellen springen können, weil sie einen verstauchten Knöchel hatte. Dann sah sie, wie der junge Mann, der das Kind aus den Fluten gerettet hatte, auf sie zukam. Er war ihr Held! Alice hatte ihren gelben Strohhut mit dem roten Band abgenommen und ihn angelächelt. Er hatte sich das Wasser aus den Haaren geschüttelt und in ihre rehbraunen Augen geblickt.

»Walther Sommerlath aus Deutschland«, stellte er sich vor. Es war Liebe auf den berühmten ersten Blick. Walther, damals schon 23, sprach gut portugiesisch. Er war vor fünf Jahren von Heidelberg nach Brasilien aufgebrochen, um die Welt zu erobern, und hatte bis zu diesem Augenblick noch nie an Heirat gedacht. Aber als die zierliche Alice aus heiterem Himmel seine Sinne und seine Seele berührte, war er wie verzaubert. Ein Zauber, der ein ganzes Leben lang halten sollte.

Alice empfand genauso. Dabei war sie seit gut sechs Monaten einem jungen Mann aus einer wohlhabenden Familie aus Sao Paulo versprochen. Die Eltern kannten sich und hatten die Verbindung arrangiert. Das war damals in Brasilien nicht ungewöhnlich, in der besseren Gesellschaft sogar ganz normal. Mitunter lernten sich die Brautleute sogar erst wenige Wochen vor der Hochzeit kennen. Den für sie Auserwählten kannte Alice nur von einem Foto. Und er interessierte sie nicht. So überraschte sie ihre sprachlosen Eltern damit, dass sie den Rest ihres Lebens mit einem Walther aus Deutschland verbringen wolle. Die verliebte Alice sagte das so fest entschlossen, dass ihr verblüffter Papa nicht einmal den Familienrat einberufen hatte. Sie bekam seinen Segen. Die Verlobung wurde in Sao Paulo gefeiert, wo auch gut ein Jahr später die Hochzeit stattfand.

Am 10. Dezember 1925 gaben sich Alice de Toledo und Walther Sommerlath das Jawort. War es Zufall oder doch Schicksal? Der 10. Dezember ist der Todestag von Alfred Nobel, dem Erfinder des Dynamits. Und jedes Jahr werden am 10. Dezember vom schwedischen König die Nobelpreise in Stockholm übergeben.

Die Flitterwochen verbrachten Walther und Alice bei Verwandten in Rio de Janeiro. Nach der Rückkehr nach Sao Paulo wurde dem jungen Paar eine Etage im Haus von Alices Eltern hergerichtet. Walther bekam einen Job bei einer deutschen Stahlfirma und konnte finanziell unabhängig eine Familie gründen. Alice schenkte ihm die Söhne Ralf und Walther junior.

Ende 1937 war Walthers Sehnsucht nach Deutschland jedoch so groß geworden, dass die Familie nach Berlin übersiedelte. Alice passte sich der Situation gut an, obwohl sie immer ein wenig Heimweh nach Brasilien hatte. Aber aus Liebe zu ihrem Mann machte sie das Beste aus dem Leben in der neuen Heimat. Sie lernte Deutsch vom Hörensagen – mit einem entzückenden Dialekt. In der Familie gab es eine Regel: Die Kinder sprachen mit Papa deutsch, mit Mama portugiesisch.

1941 kam Jörg in Berlin zur Welt, Walthers und Alices dritter Sohn.

Danach war es Walther Sommerlath zu gefährlich in der Hauptstadt geworden. Seine kleine Firma, die Elektrogeräte herstellte, wurde von Bomben zerstört; die politischen Ereignisse hatten sich zugespitzt. Er zog zurück in seine Heimatstadt Heidelberg, um mit dem Ersparten noch einmal ganz von vorn anzufangen. In der kleinen Stadt am Neckar hatte sich Alice sowieso immer viel wohler gefühlt. Das Klima war angenehmer, wärmer. Irgendwie hatte sie dort vieles an Brasilien erinnert …

»Hallo, wo sind wir denn?«, rüttelte die Hebamme Walther Sommerlath so freundlich wie möglich aus seinen Erinnerungen. »Nehmen Sie die Rose und gehen Sie zu Ihrer Frau. Es ist alles gut gegangen!«

Walther konnte es kaum erwarten, Alice und den vierten

Sohn zu sehen. Er rannte den Flur hinunter und riss die Tür zum Krankenzimmer auf.

Da lag sie! Erschöpft auf weiße Kissen gebettet, die dunklen Haare auch in diesem Moment so schön frisiert wie immer. Und in ihren Armen das kleine Bündel. Ihre Augen leuchteten, als sie ihren Mann sah.

Er küsste sie auf die Stirn und streichelte sein Baby. »Er soll Silvio Renato heißen. So wie du es wolltest«, flüsterte Walther.

Sie hatte sich gewünscht, dass ihr vierter Sohn den Namen ihres viel zu früh verstorbenen Bruders bekäme. Doch Alice schüttelte ganz langsam den Kopf und sagte: »Sie heißt Silvia Renate!«

Walther Sommerlath glaubte seinen Ohren nicht zu trauen. Eine Tochter?! Alice nickte und weinte vor Glück. Er küsste ihr die Tränen von den Wangen. Eine Tochter! Eine kleine Silvia! Aber für Walther war sie vom ersten Augenblick an immer nur »mein Kätzchen«.

Das Kätzchen musste mit der Mama noch sechs Tage in der Klinik bleiben. Trotzdem verbrachte Familie Sommerlath unvergessliche Weihnachtstage. Ein Fest der Liebe. Das neue Baby, die so ersehnte Tochter und die geliebte kleine Schwester, stand vollkommen im Mittelpunkt. Vom ersten Augenblick ihres Lebens wurde Silvia mit Liebe, Zuneigung und Zärtlichkeit verwöhnt. Die Eltern vergötterten sie, die großen Brüder beschützten sie.

Silvia sagte später: »Die Liebe meiner Familie hat mein ganzes Leben geprägt.« Bei aller Liebe wurde das Kätzchen aber nicht verhätschelt wie im goldenen Käfig. Walther und Alice machten bei der Erziehung ihrer Kinder keine Unterschiede. Nur manchmal, wenn die großen Jungs nicht zuschauten, sah Walther seine Kleine verliebt an und wünschte sich über alle Maßen, die Welt würde stehen bleiben.

»Ich hatte mich immer gefragt«, sagte Walther in späteren Jahren, »welcher Moment mit Silvia wohl der schönste war. Ich wollte mir so viele Sekunden einprägen und sie nie wieder vergessen. Aber das gelang mir merkwürdigerweise nicht. Vielleicht waren es am Ende dann doch Silvias erste Schritte, wie sie mit ausgebreiteten Armen auf mich zuwackelte. Oder war es der Tag, an dem sie zum ersten Mal Papa sagte?«

Als Silvia Sommerlath knapp zweieinhalb Jahre alt war, überschlugen sich die Tageszeitungen im Nachkriegseuropa mit Schlagzeilen aus Schweden. Am frühen Morgen des 30. April 1946 war im Stockholmer Schloss ein Thronfolger geboren worden. Der lang ersehnte Prinz bekam den Namen Carl Gustaf Folke Hubertus. Damit war die Erbfolge des schwedischen Königshauses gesichert. Denn bevor Carl Gustaf geboren wurde, hatte Erbprinzessin Sibylla ihrem Mann, Erbprinz Gustaf Adolf, erst einmal vier Töchter geschenkt: Prinzessin Margaretha (1934), Prinzessin Birgitta (1937), Prinzessin Désirée (1938) und Prinzessin Christina (1943).

Im Königreich Schweden konnten damals nur männliche Nachfahren den Thron erben. Man kann sich daher

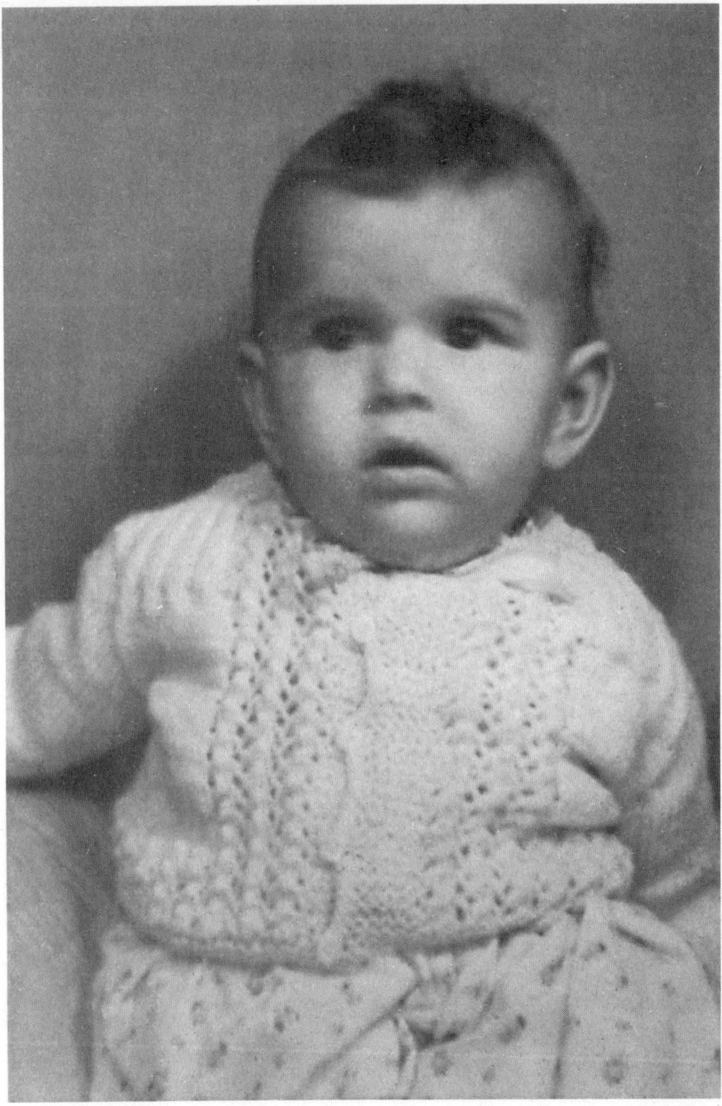

Silvia mit 12 Monaten

gut vorstellen, unter welch unglaublichem Druck Carl Gustafs Mutter Sibylla gestanden hatte. Sie musste einfach noch einen Sohn zur Welt bringen!

Die junge Erbprinzessin, die aus dem deutschen Fürstenhaus Sachsen-Coburg und Gotha stammte, schrieb in ihr Tagebuch: »Lieber Gott, lass es diesmal einen Jungen sein. Ich weiß nicht, ob ich gesund genug bin, danach noch ein Kind auszutragen.« Ihre Gebete wurden erhört. 101 Böllerschüsse dröhnten über Stockholm und verkündeten die Geburt des Thronfolgers. Im ganzen Land läuteten die Glocken, und die Menschen fielen sich auf den Straßen voller Jubel in die Arme. Die Monarchie in Schweden war gesichert.

Schon wenige Tage nach der Geburt des kleinen Prinzen Carl Gustaf wurde der Hoffotograf ins Schloss bestellt. Damals entstand das berühmte Bild der vier Generationen: Der regierende König Gustaf V. mit seinem Sohn Kronprinz Gustaf Adolf, seinem Enkel Erbprinz Gustaf Adolf und seinem Urenkel Prinz Carl Gustaf. König Gustaf V. war damals bereits 88 Jahre alt und soll gesagt haben: »Jetzt weiß ich mein Reich für drei weitere Generationen in guten Händen und kann mich auf die andere Welt vorbereiten. Auf die Welt, in der wir uns alle einmal wiedersehen werden.« Der alte König hatte fest an ein Leben nach dem Tod geglaubt und lebte noch viereinhalb Jahre, bis er in die andere Welt hinüberging.

Walther Sommerlath las seiner Frau die Meldung über die Geburt des schwedischen Thronfolgers Carl Gustaf aus der Zeitung vor. »Ist das Leben nicht verrückt?«, fragte er vergnügt. »Die da in Schweden hatten vier Töchter, und dann kam der ersehnte Sohn. Wir hatten drei Söhne, bis unsere Tochter kam. Vielleicht hätten die gern mit uns getauscht.«

Alice schüttelte den Kopf: »Walther!«

Er nahm sie in den Arm: »Das war doch ein Scherz! Da hätten sie ihre Rechnung doch ohne uns gemacht. Nie und nimmer würde ich unser Familienleben eintauschen. Vielleicht sind die in der schwedischen Königsfamilie jetzt nach der Geburt des Thronfolgers so glücklich wie wir. Wenn überhaupt eine andere Familie auf der Welt so glücklich sein kann.« Er nahm Kätzchen Silvia auf den Arm und erzählte ihr: »Bald ziehen wir um. In ein paar Wochen gehen wir auf eine ganz lange Reise. Das wird dir gefallen.« Kätzchen spielte mit Papas Ohrläppchen, lachte fröhlich und gab ihm ein Küsschen.

Mitte des Jahres 1946 packten Walther und Alice Sommerlath ihre Sachen und zogen wieder nach Brasilien, wo die wirtschaftlichen Perspektiven für die junge Familie einfach besser waren. Dort wurden sie mit offenen Armen von Alices Leuten empfangen.

Der Stammvater der Familie de Toledo hieß Joaquim Floriano. Er hatte einen guten Charakter gehabt, war aktiv politisch tätig und überzeugter Katholik gewesen. In der Mitte des 18. Jahrhunderts hatte er sich mit seiner Frau in der Stadt Toledo nahe Sao Paulo niedergelassen und die kleine Kaffeefarm Cafezal gegründet. Joaquim Floriano war stolz auf seine elf Kinder. Ein Sohn davon war Alices

Familie Sommerlath in Sao Paulo (von links: Walther und Alice mit Silvia, Jörg und Walther jun.)

Papa. Sie selbst wurde am 25. Mai 1907 auf der Farm Cafezal geboren, als eines von zwölf Geschwistern.

Mit so viel Familientradition konnte Walther Sommerlath nicht aufwarten. Er war am 22. Januar 1901 in Heidelberg als jüngstes von sechs Geschwistern zur Welt gekommen, dort zur Schule gegangen und hatte von einer Karriere als Offizier geträumt. Als jedoch ein Freund von ihm nach Südamerika auswanderte und ihm von dort schrieb, er habe Eldorado gefunden, wollte sich Walther selbst davon überzeugen. Er war gerade 18 Jahre alt, als er ein Schiff nach Brasilien nahm. Sein Freund hatte nicht übertrieben: Walther verliebte sich vom ersten Augenblick an in dieses aufregende Land, das einmal seine zweite Heimat werden sollte.

Es war ein besonders heißer Tag, als Walther und Alice 1946 mit Kind und Kegel in Sao Paulo ankamen. Unzählige von Alices Geschwistern, Tanten, Onkels, Cousins und Cousinen waren erschienen, um die Familie willkommen zu heißen. Und natürlich drehte sich in erster Linie alles um die beiden jüngsten Kinder, die die Toledos noch nicht kannten: Jörg und Silvia. Die beiden wurden geherzt, gedrückt und abgeküsst wie kleine Puppen. Zunächst wohnte die Familie auf der Toledo-Farm Cafezal, später zog sie in eine rosafarbene Villa nach Sao Paulo.

Probleme mit dem Klima oder mit der Sprache gab es nicht. Die kleine Silvia bastelte sich ihre neue Welt so zurecht, wie es ihr gefiel, und dies häufig zum Vergnügen der Erwachsenen. Was sie in Deutschland mit »Wasser«

bezeichnet hatte, nannte man auf portugiesisch »Agua«. Silvia machte kurzerhand ein Wort daraus: »Wasseragua«. Das wurde sofort von ihren vielen Cousinen und Cousins übernommen, und so ist »Wasseragua« auch heute noch ein geflügeltes Wort in der Familie.

Bei seinem ersten Aufenthalt in Brasilien hatte Walther Sommerlath für eine deutsche Stahlfirma gearbeitet. Diese Kenntnisse kamen ihm jetzt zugute. Er bewarb sich in Sao Paulo bei der schwedischen Stahlfirma Uddeholm und wurde sofort angenommen. Man schätzte seine korrekte deutsche Art, seine tadellosen Umgangsformen und seine familiären Bande in Brasilien.

Während Walther tatkräftig an seiner Karriere bastelte, widmete sich Alice leidenschaftlich ihren Aufgaben als Ehefrau und Mutter. Sie blühte in ihrer Heimat richtig auf und genoss ihre gute gesellschaftliche Stellung. Walther und sie waren gern gesehene Gäste auf Partys der brasilianischen und internationalen Gesellschaft. Ohne es darauf angelegt zu haben, waren die Sommerlaths ein Aushängeschild für eine moderne, glückliche und erfolgreiche Familie geworden. Der deutsche Botschafter lud sie ein, und der schwedische Botschafter war stolz auf Walther Sommerlath, repräsentierte er doch die Stockholmer Stahlfirma Uddeholm so gut wie kein anderer.

Knapp ein halbes Jahr waren Walther und Alice jetzt in Brasilien glücklich, als die nächste Aufsehen erregende Meldung aus dem schwedischen Königshaus um die Welt ging. Diesmal aber keine gute. »Erbprinz Gustaf Adolf von

Walther Sommerlath bringt sein »Kätzchen« zur Schule

Schweden tödlich verunglückt«, berichteten die internationalen Nachrichtenagenturen.

Walther Sommerlath las das in der Zeitung und sagte zu Alice: »Was für ein schreckliches Unglück. Erinnerst du dich an die Königsfamilie in Schweden? Die, die nach vier Töchtern endlich einen Sohn bekam?«

Alice nickte und konnte kaum erwarten zu hören, was da passiert war. Sie weinte, als sie die Einzelheiten erfuhr. Dabei kannte sie die königliche Familie natürlich nicht. Aber der Leidensweg dieser armen Frau, Erbprinzessin Sibylla, ging ihr zu Herzen. Vier Töchter hatte sie ihrem königlichen Mann geschenkt, und dann, als der ersehnte Thronfolger Carl Gustaf geboren war, konnten sie ihr Glück nur so kurze Zeit genießen! Alice fragte sich angesichts ihres eigenen glücklichen Lebens, wie eine Frau wie Sibylla mit einem solchen Schicksal weiterleben konnte. Sie fühlte mit ihr. Alice konnte damals natürlich nicht im Entferntesten ahnen, dass diese Frau einmal die Schwiegermutter ihrer Tochter werden würde …

Diese dunkelste Stunde in der persönlichen Geschichte der schwedischen Königsfamilie trug das Datum des 26. Januar 1947. Erbprinz Gustaf Adolf war auf dem Weg von einer Tagung in Dänemark nach Schweden, als sein Flugzeug über Kastrup bei Kopenhagen aus nie geklärter Ursache abstürzte. Er war auf der Stelle tot. Der Erbprinz wurde nur 40 Jahre alt. In Schweden herrschten Trauer und Ungewissheit. König Gustaf V. war nun 89 Jahre alt und wusste, dass durch den Tod seines Enkels eine ganze Generation ausfallen würde. Sein direkter Nachfolger, Kron-

Carl Gustaf mit seiner
geliebten Ingrid »Nenne« Björnberg

prinz Gustaf Adolf, war zu diesem Zeitpunkt bereits 64 Jahre alt. Nach ihm sollte dessen gleichnamiger Sohn Gustaf Adolf folgen, der nun umgekommen war.

»Was für eine fragwürdige Zukunft«, notierten Hofschreiber. »Unser König ist 89, sein Sohn und Nachfolger 64. Und weil dessen Sohn und Nachfolger mit 40 tödlich verunglückte, ist dann dessen neun Monate alter Sohn Carl Gustaf an der Reihe. Der Thron wird also einmal vom Großvater auf den Enkel übergehen.«

Dieser Enkel war am unglücklichen 26. Januar 1947 bei seinem Kindermädchen Ingrid »Nenne« Björnberg. In ihrem Tagebuch notierte Ingrid: »Ich hatte Carl Gustaf gerade gewickelt, als das Telefon klingelte. Ich hielt ihn im Arm. Am anderen Ende weinte Erbprinzessin Sibylla. Ihr Mann sei tot. Mein Gott, was mache ich jetzt mit Carl Gustaf? Nichts. Nur Ruhe bewahren. Den Kleinen fest drücken. Meine Tränen liefen über seine dicken Backen. Wie schrecklich, dass er seinen Vater nie richtig kennen lernen durfte.«

Allen in Schweden war klar: Wenn der alte König mit 89 sterben würde und sein Sohn mit 64 auch nicht mehr lange leben sollte – dann wäre der kleine Prinz Carl Gustaf der nächste König!

Als Silvia sechs Jahre alt war, kam sie in eine deutsche Schule in Sao Paulo. Der Unterricht wurde in zwei Sprachen abgehalten: deutsch und portugiesisch. Die Kinder bekamen außerdem Lektionen in Latein, Französisch und Englisch. Da Silvia ungewöhnlich sprachtalentiert war, galt sie als eine der besten Schülerinnen, ohne jedoch damit aufzutrumpfen.

»Sie war keine Streberin«, erinnert sich die inzwischen pensionierte Lehrerin Maria Cecilia Moses, »die Sprachen flogen ihr einfach so zu. Das ist wirklich ein Geschenk des Himmels. Viele Kinder, die zu Hause zweisprachig aufgewachsen sind, haben es später mit Fremdsprachen leicht. Aber Silvia war darin ein kleines Genie.«

Die Schule begann schon sehr früh am Morgen und endete am späten Nachmittag. Walther Sommerlath nahm sich jeden Tag die Zeit, sein Kätzchen nach dem Unterricht abzuholen. Es musste schon eine wichtige Geschäftsangelegenheit dazwischengekommen sein, wenn sein Wagen nicht pünktlich vor dem »Colegio Viscondo de Porto Seguro« im Zentrum von Sao Paulo wartete. Manchmal nahm Silvia auch Schulkameradinnen oder Freundinnen mit. Aber am liebsten saß sie während der Heimfahrt ganz allein neben ihrem geliebten Papa. Niemand anderer konnte so schön mit ihr deutsche Volkslieder singen.

Daheim bei Mama wurde dann wieder portugiesisch geplappert. Ungeduldig wartete vor der Haustür regelmäßig das zahme Kapuzineräffchen Micki. Er war Silvias Spielkamerad und ihr treuester Freund. Ihm konnte sie alle kleinen und großen Geheimnisse anvertrauen, und wenn Micki besonders brav war, bekam er ein Küsschen auf die Wange. Aber nur selten und dann ganz heimlich. Denn wenn die besorgte Mama das sah, schüttelte sie den Kopf und wischte ihrer Tochter mit einem großen weißen Tuch den Mund ab.

Die kleine Silvia mit Kapuzineräffchen Micki

Zu den beliebtesten Familienfesten der Sommerlaths zählten Silvias Geburtstage. Weil sie am 23. Dezember so kurz vor Weihnachten zur Welt gekommen war, wurde jedes Jahr am 23. Juli gefeiert. Die Eltern waren der Meinung, ihr Nesthäkchen hätte ein eigenes Fest verdient. Denn einen Tag vor dem Heiligen Abend hatte niemand so richtig Zeit. Und zweimal hintereinander Geschenke zu bekommen war einfach zu viel für ein Kind. Daher erschien der Monat Juli ideal für das Geburtstagsfest. Jedes Jahr wurde ein Kasperletheater im Garten aufgebaut, und die ganze Familie übte ein Stück für »Geburtstagskind« Silvia ein. Die Figuren erfand und bastelte Mama Alice selbst. Die Köpfe aus Zeitungspapier und Leim bekamen mit Naturfarben lustige Gesichter. Die Kleider und Hosen nähte sie aus Stoffresten. Papa Walther schrieb die aufregenden Abenteuer des Kasperle und führte Regie. Die Brüder bewegten die Figuren mit flinken Händen und brabbelten, fluchten und sangen teils deutsch, teil portugiesisch. Die leuchtenden Augen und der Beifall von Silvia und ihren kleinen Gästen waren für alle Beteiligten der schönste Dank.

»Fünftägige Staatstrauer in Schweden«, meldeten die Nachrichtenagenturen auf der ganzen Welt. Walther und Alice Sommerlath im fernen Brasilien nahmen weiterhin Anteil am Schicksal der schwedischen Königsfamilie und waren bestürzt über die traurigen Nachrichten. Auch auf Empfängen in Sao Paulo wurde mit Vorliebe über die Gesellschaft in Europa diskutiert, und man verfolgte die dortigen Ereignisse mit großer Aufmerksamkeit. Und da Walther für eine schwedische Firma arbeitete, interessierten ihn die Geschehnisse in Stockholm auch aus beruflichen Gründen.

Die traurige Meldung aus dem königlichen Palast lautete wie folgt: Am 29. Oktober 1950 starb am Morgen um 9.23 Uhr Seine Majestät König Gustaf V. von Schweden mit 92 Jahren auf Schloss Drottningholm nach einer Lungenentzündung.

Am Sterbebett zugegen waren seine beiden Söhne Gustaf Adolf und Vilhelm, der Vater des heutigen Grafen Lennart Bernadotte von der Insel Mainau im Bodensee. Tief bewegt nahmen auch seine vier längst erwachsenen Enkel Abschied: Graf Sigvard Bernadotte, Prinz Bertil von Schweden, Graf Carl Johan Bernadotte und Königin Ingrid von Dänemark, verheiratet mit dem dänischen König Frederik IX. In der Minute, in der der alte Herrscher starb, bekam Schweden einen neuen Monarchen, denn so geschah es schon seit Jahrhunderten: Der König ist tot, es lebe der König!

Hoch erhobenen Hauptes zeigte sich der neue König von Schweden seinem Volk auf dem Balkon des Stockholmer Palastes: Gustaf VI. Adolf. Der Monarch stand dreizehn Tage vor seinem 68. Geburtstag – ein Alter, in dem andere Bürger in Schweden längst in ihre wohlverdiente Pension gegangen sind. Aber König Gustaf VI. Adolf begann sein Amt erst in diesem hohen Alter, wie es die Tradition verlangte. Am Tag seiner Krönung nahm er seinen Nachfolger

Schon früh zeigten sich gemeinsame Vorlieben: Silvia und Carl Gustaf als kleine Wasserratten

auf den Arm. Es handelte sich natürlich um seinen gerade viereinhalbjährigen Enkel Carl Gustaf, der jetzt Kronprinz von Schweden geworden war.

Am 23. Juli 1957 wurde in Sao Paulo wieder einmal ein Fest vorbereitet, denn Silvia Sommerlaths dreizehnter Geburtstag sollte gefeiert werden. Noch ahnte sie nichts von der schicksalsschweren Entscheidung ihrer Eltern. Walther und Alice saßen am Abend, als die Kinder im Bett waren, im Garten unter einem weißen Oleanderstrauch. Er räusperte sich zweimal, nahm die Hand seiner Frau und sagte: »Ich war noch nie in meinem Leben so glücklich wie in den letzten Jahren.«

Sie nickte und wusste, dass er ihr jetzt etwas Wichtiges sagen wollte. Instinktiv war sie darauf vorbereitet und hörte ihm, wie immer in ihrem Leben, aufmerksam zu.

»Es warten wichtige Aufgaben auf uns. Aber nicht hier. Sondern in Deutschland.«

Auch wenn Alice mit diesen Sätzen nicht unbedingt gerechnet hatte, ließ sie es sich nicht anmerken. In den 31 Jahren ihrer Ehe war ihre Liebe zu Walther so tief geworden, dass sie jeden Weg mit ihm teilen würde. Alice fragte: »Für wie lange, mein Lieber?«

Walther sagte: »Vielleicht für immer.«

Alice antwortete daraufhin: »Silvia ist erst 13. Wir werden ihr das sehr behutsam beibringen müssen.«

Walther: »Ich weiß, dass du das schaffen wirst.«

Walther Sommerlath war bei der schwedischen Stahlfirma Uddeholm in Brasilien beliebt und zudem außerordentlich erfolgreich. Als die Geschäftsführung in Schweden einen neuen Direktor für ihre Filiale in Deutschland suchte, hatte man sofort an ihn gedacht. Er hatte sich zwar geschmeichelt gefühlt, aber dennoch um Bedenkzeit gebeten. Ihn hatte die neue Herausforderung sehr gereizt, aber um nichts in der Welt hätte Walther diese schwer wiegende Entscheidung ohne die Zustimmung seiner über alles geliebten Familie getroffen.

Nach fast einem Vierteljahr sagte Walther zu. Im Herbst 1957 zog Familie Sommerlath von Sao Paulo nach Düsseldorf.

In den ersten Monaten hatte Silvia Probleme mit der Eingewöhnung in Deutschland. Alles war so neu, so ungewohnt, so unbekannt. Die deutsche Mentalität war anders als die spontane südamerikanische, die ihre Kindheit geprägt hatte. Silvia empfand es als unangenehm, die deutschen Onkel und Tanten und Freunde immer erst vorher anzurufen, bevor man sie besuchte. In Brasilien ging man einfach ohne Voranmeldung vorbei, und alle freuten sich. Das Leben war dort lockerer, leichter und viel unbeschwerter. Kein Wunder, dass Silvia in Düsseldorf gelegentlich sogar Heimweh nach Brasilien hatte. Ihr fehlte nicht nur die gewisse Freiheit in diesem Land, sondern auch ihre Freundinnen, die sie alle zurücklassen musste. Der Kontakt beschränkte sich nun auf Briefverkehr, und so wartete sie voller Sehnsucht auf Post aus Sao Paulo.

Die Eltern suchten in Düsseldorf ein gutes Mädchengymnasium für ihre Tochter aus. Silvia versuchte zwar,

Silvia in München während ihrer Ausbildung als Dolmetscherin

sich anzupassen, aber das fiel ihr nicht leicht. Aufgewachsen als Mittelpunkt der Familie mit drei Brüdern, die sie anbeteten, war sie jetzt ausschließlich von Mädchen umgeben. Zudem waren die Aufgaben in der Schule durchaus beschwerlich für sie. In Sao Paulo schien alles so leicht zu sein. Wenn da ein deutsches Wort nicht ganz richtig geschrieben wurde, konnte man es in Ruhe nachlernen. In Düsseldorf setzten die Lehrer gutes Deutsch voraus. Hinzu kamen Fächer wie Mathematik und Erdkunde. Sie musste sich plötzlich mit Karl dem Großen befassen und dem Dreißigjährigen Krieg. Wenige Monate zuvor hatte sie in Brasilien alles über die mexikanische Kultur gelernt, die Mayas und die geheimnisvollen Azteken. Darüber hätte sie jederzeit Aufsätze schreiben können. Aber dieses Wissen war in Deutschland nicht vorrangig gefragt. Es war keine leichte Zeit für Silvia.

Im Laufe der nächsten Jahre jedoch siegten ihr Ehrgeiz und ihre Neugier. Ihr Ziel war es, so klug zu werden wie ihre großen Brüder, die inzwischen alle drei in Berlin waren und dort studierten. Langsam gefiel Fräulein Sommerlath das Leben in Deutschland. In Sao Paulo hatte sie nie ein Theater oder die Oper besucht. In Deutschland entdeckte sie das kulturelle Leben und fand großen Gefallen daran.

Nachdem Silvia ihr Abitur mit sehr guten Noten abgeschlossen hatte, zog sie 1963 nach München um. Dank ihrer Sprachbegabung war sie in einem der besten Dolmetscherinstitute aufgenommen worden. Sie war damals erst 19 Jahre alt und sprach bereits Deutsch, Portugiesisch,

Spanisch, Englisch und Französisch. Als sechste Sprache sollte später Schwedisch hinzukommen, aber das war zu diesem Zeitpunkt noch ein Geheimnis ihres Schicksals.

Silvia legte ihr Examen in Deutsch und Spanisch als eine der besten Dolmetscherinnen der bayerischen Landeshauptstadt ab. Danach kam das süße Leben, wenigstens ein bisschen davon. Die 60er und 70er Jahre waren die Blütezeit der Hippies. Silvia schloss viele Freundschaften und genoss das Leben in München in vollen Zügen. Aber mit Drogen kam sie nie in Berührung. Das entsprach gar nicht ihrem Naturell, und außerdem hatte sie ihren Eltern versprochen, sich davon fern zu halten. Vielmehr erfreute sich die junge Frau an dem üppigen Freizeitangebot ihrer Umgebung. Besonders liebte Silvia an München die Nähe zu Italien, Frankreich und der Schweiz. Sooft es ihre Freizeit erlaubte, ging sie mit Freundinnen zum Segeln, Schwimmen oder zum Skilaufen in die Alpen.

Bevor sie sich in München ein kleines Appartement zulegte, wohnte sie zur Untermiete bei der Familie Blase in Pullach. Diese hatte ein kleines Haus mit Swimmingpool, und Silvia wurde dort umsorgt und behütet wie eine Tochter.

Zum ersten Mal kreuzten sich damals ganz zufällig Silvias und meine Wege. Denn die freundliche Erika Blase war die Schwägerin meines Kollegen und lieben Freundes Jacky Hochscheidt. Eines schönen Tages zeigte Erika mir einmal hübsche Farbfotos von einer Familienfeier im Garten. Am Pool saß ein bezauberndes Mädchen mit langem schwarzen Haar, Bikini und Sonnenbrille: Silvia Sommerlath. Für diese Fotos hätten mir Zeitschriften ein paar Jahre später ein kleines Vermögen geboten. Aber ich hatte Silvia versprochen, sie nie zu veröffentlichen. Und versprochen bleibt für mich versprochen.

Eigentlich wollte Silvia Sommerlath in München eine zusätzliche Ausbildung als Simultandolmetscherin absolvieren. Aber sie bekam 1970 ein Angebot vom Organisationskomitee der Olympischen Spiele, das sie sehr interessierte. Sie unterschrieb den Vertrag und wurde eine von zehn Chefhostessen.

2

Es hatte »Klick!« gemacht

»Manchmal wünschte ich mir,
er wäre kein König gewesen«

Silvia Sommerlath war Anfang 1970 von Pullach nach München in eine eigene kleine Wohnung gezogen. Vor ihrem Vertrag mit dem Olympischen Organisationskomitee hatte sie für das Konsulat von Argentinien gearbeitet – eine Arbeit, die ihr Freude bereitete.

Silvia hatte nette Kollegen und war bei allen gern gesehen. Bei allen gern gesehen: Dieser Satz zieht sich wie ein roter Faden durch Silvias ganzes Leben. Niemals hatte sie Feinde, immer nur Freunde. Sie ist ein außergewöhnlicher Mensch, den man nicht mehr vergisst. Wer sie einmal getroffen hat, fühlt sich danach glücklicher, ist irgendwie reicher. Als ich ihr das einmal sagte, errötete sie sogar ein wenig, und auch diese Bescheidenheit macht sie so ungeheuer sympathisch.

In dem Haus, wo Silvia wohnte, befand sich auch eine Anwaltskanzlei. Ihren Besitzer, Rechtsanwalt Jürgen Schroeder, kannte sie bisher nur vom Grüßen. Doch als die beiden einmal vor dem Briefkasten kurz ins Gespräch kamen, fiel das Wort Olympiade. Jürgen Schroeder hatte gute

Kontakte zu den Verantwortlichen des Organisationskomitees, und Silvia wurde hellhörig. Dort zu arbeiten würde ihr bestimmt gefallen. Wenig später durfte sie sich vorstellen und wurde sofort genommen. Jemand wie sie wurde dort dringend gebraucht: schön, intelligent, charmant, jung und sprachbegabt wie kaum eine andere.

Silvias Karriere beim Olympischen Organisationskomitee verlief steil nach oben. Sie war zunächst Chefhostess, wurde dann aber nach wenigen Wochen eine von zehn Chefstewardessen, die über weitaus mehr Personalverantwortung verfügten. Gemeinsam mit ihren Kolleginnen suchte sie aus über 8000 jungen Mädchen und Frauen 1648 Hostessen aus, die für die Olympischen Spiele in München eingearbeitet wurden. Silvia bekam immer mehr Verantwortung und war aus dem Nationalen Olympischen Komitee bald nicht mehr wegzudenken.

Sie kümmerte sich praktisch um alles. Wenn Mitglieder des Internationalen Komitees aus Afrika, Asien oder Australien nach München kamen, wurden sie von ihr betreut. Hatten sie Zahnschmerzen, ging sie mit ihnen zum Arzt, sie organisierte Friseurtermine oder Stadtrundfahrten. Silvia hier, Silvia da. Sie kannte sich überall aus und wurde gern um Rat gefragt.

Die meisten Menschen glauben heute noch, dass Silvia Sommerlath bei den Olympischen Spielen in München nur eine kleine Hostess war, doch dies ist ein Missverständnis, ausgelöst vielleicht durch die hübschen Fotos, die es aus dieser Zeit gibt. Sie zeigen Silvia im Olympia-Dirndl, das in den bayerischen Landesfarben entworfen worden war:

Silvia als frisch gebackene Olympiahostess

Silvia posiert im »Olympia-Dirndl«.
Das Halsband besitzt die Königin noch heute.

weiß-blau. In diesem Dirndl posierte Silvia vor dem Olympiaturm, vor dem Olympiastadion und vor Souvenirständen. Die Bilder wurden für Prospekte benötigt, die in die ganze Welt geschickt wurden, aber sie trug das Olympia-Dirndl nicht während ihrer eigentlichen Arbeit. Man hatte sie lediglich aufgrund ihrer Schönheit und Anmut gebeten, für diese Aufnahmen Fotomodell zu spielen. Mit ihrem Lächeln gewann sie alle Herzen und konnte alle Menschen im Nu verzaubern. Wer hätte das deutsche Olympiakomitee besser repräsentieren können?

In der zweiten Maiwoche 1972, wenige Monate vor dem offiziellen Beginn der XX. Olympischen Spiele in München, wurde Silvia Sommerlath Chefassistentin von Willi Daume, dem Präsidenten des Deutschen Olympischen Komitees. Sie war damit eine der wichtigsten Schlüsselfiguren, die ungeachtet der tragischen Anschläge, die sich später ereigneten, bedeutend zum Gelingen der Spiele beitrug.

Am 26. August 1972 blickte die Welt nach München. Die Gestaltung der Eröffnungsfeier hatte den Organisatoren lange Zeit Kopfzerbrechen bereitet. Dabei spielte die Erinnerung an die martialischen Spiele von Berlin im Jahre 1936 eine große Rolle. Die Eröffnungsfeier von München bot die einmalige Chance, der Weltöffentlichkeit das Bild einer heiteren und freundlichen Bundesrepublik zu zeigen und der uniformierten »Nazi-Olympiade« von 1936 etwas ganz Neues entgegenzusetzen. Und so wurde im Rahmen des strengen olympischen Protokolls eine moderne, zeitgemäße Feier vorbereitet, die nicht von pompösen Massenaufmärschen geprägt war, sondern von einem für alle spürbaren Geist unbeschwerter Lebensfreude. Ganz einfach war das freilich nicht. Der wachsende Einfluss der Politik auf die Olympischen Spiele wurde in München bei der Eröffnungsfeier deutlich: Zum ersten Mal in der olympischen Geschichte gingen mit den Mannschaften aus der Bundesrepublik und der DDR zwei getrennte deutsche Teams als Vertreter zweier souveräner Staaten mit eigener Fahne und Nationalhymne an den Start.

Die Olympischen Spiele von München dokumentierten nun im sportlichen Bereich die Teilung Deutschlands, die politisch längst Realität geworden war. Dabei deutete die politische Großwetterlage im Jahr 1972 unübersehbar in Richtung Entspannung. Bundeskanzler Willy Brandt hatte für seine Ostpolitik, die den Weg zur Aussöhnung Deutschlands mit seinen östlichen Nachbarn geebnet hatte, im Jahr zuvor den Friedensnobelpreis erhalten. Und selbst der bevorstehende Bundestagswahlkampf gestaltete sich zunächst zurückhaltend, denn die Politiker waren unter dem Einfluss des olympischen Geistes milde gestimmt.

Zurück ins Stadion. Was den Zuschauern und den vielen Millionen an den Fernsehgeräten geboten wurde, hob sich wohltuend von der steifen Zeremonie früherer Eröffnungsfeiern ab. Heiter und gelöst präsentierten sich München und die Bundesrepublik dem Rest der Welt. Der

Schauspieler Joachim Fuchsberger führte als Stadionsprecher das Publikum souverän durch die zweieinhalbstündige Feier, die frei von verbissenem Perfektionismus ablief. Auch das Wetter spielte mit! Noch wenige Tage zuvor hatte es auf das weltgrößte Zeltdach geregnet, doch pünktlich zum Eröffnungstag herrschte Sonnenschein, der bis zur Abschlussfeier am 10. September anhalten sollte. Vielen Mannschaften aus exotischeren Ländern wurde es dadurch ermöglicht, in ihren Landestrachten ins Olympiastadion einzumarschieren. So entstand eine farbenprächtige Feier der Nationen.

Der Präsident des Internationalen Olympischen Komitees (IOC), Every Brundage, jubelte, es sei das schönste Olympiagelände, das er je gesehen habe. Die Eröffnungsfeier von München brachte einen weltweiten Sympathiegewinn für die Bundesrepublik, denn zum Einzug der Nationen erklang keine Marschmusik, was viele ausländische Zuschauer gerade von den Deutschen erwartet hätten, sondern etwas bis dahin noch nie Gehörtes.

Verantwortlich dafür war Kurt Edelhagen, Deutschlands erster Jazz-Professor. Er verriet: »Ein Takt von 114 Schlägen pro Minute ist die Zahl, bei der der Mensch am lockersten geht. Das hängt mit seiner Größe und der Anziehungskraft der Erde zusammen.« Diesen magischen Takt schlug Kurt Edelhagen zum Einzug der Sportler, und das 90 Minuten lang – bei chinesischer, arabischer, afrikanischer und südamerikanischer Musik. Zu »Kalinka«, »Tiritomba« und »Horch, was kommt von draußen rein«. 8000 Sportler aus 121 Nationen ließen sich spontan mitreißen, und rund 80 000 Zuschauer ließen sich von dieser Dynamik begeistern.

In der Ehrenloge vergaßen die gekrönten Häupter ihre übliche Zurückhaltung und wippten und klatschten mit. Fürst Rainier von Monaco war genauso begeistert wie König Konstantin von Griechenland, König Baudouin von Belgien, Königin Margrethe von Dänemark, Prinz Philip von England und Kronprinz Carl Gustaf von Schweden. Sie alle saßen im vorderen Teil der Ehrenloge als Gäste von NOK-Präsident Willi Daume. Neben ihm war noch ein Platz frei. Dort hätte eigentlich seine Chefassistentin Silvia Sommerlath sitzen sollen, aber sie verspätete sich, was äußerst ungewöhnlich war und absolut nicht in ihrer Natur lag.

Der Grund für ihr Fehlen war ein Afrikaner namens Abebe Bikila. Der Äthiopier war einst einer der weltbesten Marathonläufer gewesen und hatte bei den Olympischen Spielen in Rom 1960 eine Goldmedaille für sein Land gewonnen. Barfuß! Jetzt, zwölf Jahre später, war er wie so viele andere Goldmedaillengewinner nach München eingeladen worden. Es gelang ihm aber nicht, zur Eröffnungsfeier ins Stadion zu kommen. Hilflos und verzweifelt saß er vor dem Eingangsportal – im Rollstuhl. Durch einen Autounfall war er seit einigen Jahren behindert. Silvia sah ihn und schob ihn zu seinem reservierten Platz bei den anderen Goldmedaillengewinnern. Dann eilte sie zur Ehrentribüne und legte nur die Finger auf die Lippen, als Willi Daume sie sah. Natürlich fragte er nicht, warum sie ein paar Minuten zu spät kam. Er vertraute ihr und wusste, dass sie wichtige Gründe dafür gehabt haben musste.

Silvia setzte sich hin und verfolgte das Geschehen im Stadion. Plötzlich fühlte sie sich irgendwie beobachtet und drehte sich um. Sie blickte direkt in ein Fernglas. Der Mann, der es vor seine Augen hielt, war genau zwei Meter hinter ihr platziert und wird kaum etwas gesehen haben außer einem verschwommenen Frauenkopf – Silvias Kopf. Sie duckte sich und lächelte, um ihm ungehindert Sicht auf das Stadiongeschehen zu bieten. Der Mann war Kronprinz Carl Gustaf von Schweden, der langsam das Fernglas auf seine Knie sinken ließ. Er hatte soeben in die schönsten braunen Augen der Welt gesehen.

»Es hatte ›Klick!‹ gemacht«, sagte er später. Und er war sich zum ersten Mal in seinem Leben ganz sicher: »Die oder keine!«

Silvia ihrerseits fand Carl Gustaf gut aussehend und sympathisch. Er war damals 26 Jahre alt, sie 28. In den folgenden Tagen sahen sie sich immer wieder bei verschiedenen Veranstaltungen und grüßten sich freundlich.

Eines Vormittags kam ein junger Mann auf Silvia Sommerlath zu und sagte sehr höflich: »Seine Königliche Hoheit der Kronprinz von Schweden möchte Sie gern einladen. Haben Sie Zeit?«

Sie überlegte kurz und nickte, dann folgte sie seiner Einladung zum Mittagessen. Aber natürlich waren sie nicht allein. Zu der sehr familiären Runde gehörten Carl Gustafs Onkel Prinz Bertil von Schweden mit seiner Freundin Lilian Craig sowie Carl Gustafs Schwester Prinzessin

Birgitta von Schweden mit ihrem Ehemann Prinz Johann Georg von Hohenzollern. Gemessen am offiziellen Anlass ihres Besuchs war dies eine sehr kleine Gruppe. Silvia erinnert sich, dass alle sehr sympathisch und warmherzig waren.

Prinz Bertil war in seiner Funktion als Präsident des Schwedischen Olympischen Komitees in München und hatte seine Freundin Lilian mitgenommen. Carl Gustafs Schwester Prinzessin Birgitta, die mit dem deutschen Prinzen Johann Georg von Hohenzollern verheiratet ist, wohnte mit ihrer Familie in Grünwald vor den Toren der bayerischen Landeshauptstadt.

Unter vier Augen mit ihrem Bruder stellte Birgitta wenig später fest: »Du bist verliebt!«

Carl Gustaf stritt das nicht ab.

Birgitta: »Silvia ist ein hübsches Mädchen. Überlege dir gut, was du tust. Ich glaube, sie ist zu schade für ein Abenteuer.«

Carl Gustaf konnte auch diese Tatsache unmöglich abstreiten. Der Kronprinz und Fräulein Sommerlath waren während der Olympiade in München nur ein einziges Mal allein aus. In der Diskothek »Kinki« amüsierten sie sich bis kurz nach Mitternacht und blieben die ganze Zeit über fast inkognito.

Kurz nach der Abschlussfeier der Olympischen Spiele tauschten Silvia und Carl Gustaf in München ihre Telefonnummern aus. Für Silvia war klar, dass es das nun gewesen war. Der Kronprinz flog nach Stockholm zurück, und sie würde ihre Arbeit beim Olympischen Komitee abschlie-

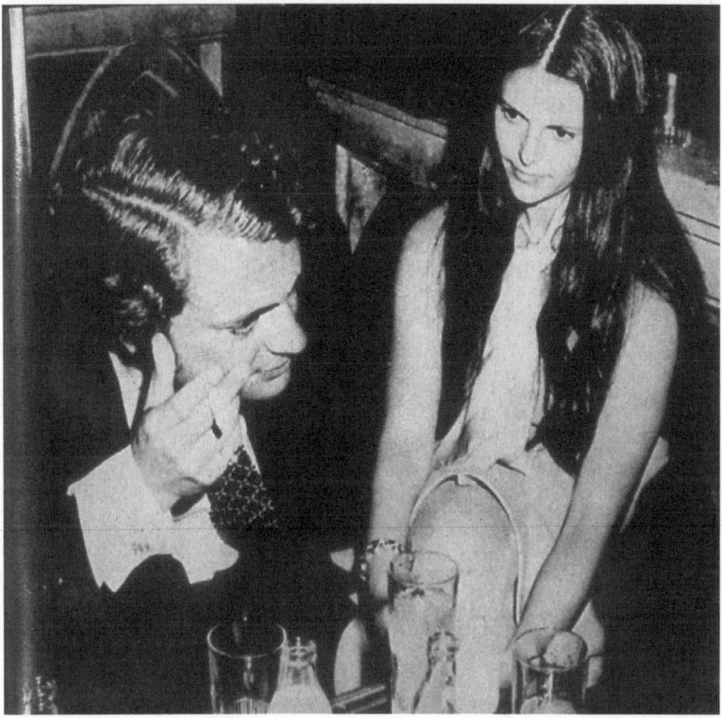

Das allererste gemeinsame Foto –
Silvia und Carl Gustaf besuchen die Diskothek
»Kinki« in München

ßen. Aber schon am folgenden Tag klingelte ihr Telefon, und Carl Gustaf war am anderen Ende der Leitung. Er konnte einfach nicht ohne sie sein. Und sie auch nicht ohne ihn.

Was nun? Er konnte schlecht nach München kommen, das wäre viel zu auffallig gewesen. Also lud er seine Angebetete nach Schweden ein. Heimlich zeigte er ihr sein Land, auf das er mit Recht so stolz war.

Nach diesem Wiedersehen vergingen Monate, die die Verliebten getrennt voneinander verbringen mussten. Oft war die einzige Verbindung der beiden das Telefon. Schade, dass es damals noch keine Handys oder die Möglichkeit gab, eine SMS zu verschicken. Das hätte manches vielleicht leichter gemacht. Aber es ging auch so, weil es gehen musste. Carl Gustaf vertraute Silvia Sommerlath hundertprozentig. Innerhalb der königlichen Familie sprach er so oft von ihr, dass seine vier älteren Schwestern fast ein wenig eifersüchtig wurden. Aber nur fast und nicht ernsthaft, denn sie liebten ihren kleinen Bruder sehr und gönnten ihm seine Gefühle aus vollem Herzen.

Der einzige vertraute Mensch, mit dem der Kronprinz nicht über seine Liebe sprechen konnte, war seine so sehr geliebte Mutter Prinzessin Sibylla. Sie war schon seit einem Jahr sehr krank und durfte nicht aufgeregt werden. Nicht einmal eine positive Aufregung erlaubten die Hofärzte. Prinzessin Sibylla starb in den frühen Abendstunden des 28. November 1972 mit nur 66 Jahren in den Armen ihres einzigen Sohnes. Sie hatte Silvia zum Leidwesen des Paares nie kennen gelernt. Sibylla, selbst eine gebürtige Deutsche, hätte mit Sicherheit nichts gegen Silvia gehabt. Ganz im Gegenteil. Sie hätte die Frau, in die Carl Gustaf so verliebt war, mit offenen Armen empfangen.

Silvia wusste, wie sehr der Kronprinz unter dem Verlust der Mutter litt, und fand am Telefon die richtigen und tröstenden Worte. In der sechswöchigen offiziellen Hoftrauer sahen sich Carl Gustaf und Silvia überhaupt nicht. Aber sie hatten große Sehnsucht nacheinander. Beide konnten sich schon längst ein Leben ohne den anderen kaum mehr vorstellen. Aber sie sprachen in der ersten Zeit nicht von einer gemeinsamen Zukunft. Wie hätte es diese damals auch geben können?

Ein schwedischer Prinz verliert alle seine Titel und sämtliche Ansprüche auf den Thron, wenn er eine Bürgerliche heiratet. Damals war das Familienoberhaupt Seine Majestät König Gustaf VI. Adolf. Gerade 90 Jahre alt geworden, kerngesund und glasklar im Kopf, hätte er niemals seinem Enkel und Nachfolger Carl Gustaf die Hochzeit mit einer Bürgerlichen erlaubt. Das sprach absolut gegen die Hausgesetze der schwedischen Königsfamilie Bernadotte.

König Gustaf VI. Adolf hatte schon viel Freud und Leid mit seinen fünf Kindern, vier Söhnen und einer Tochter, erlebt. Nur zwei von ihnen hatten nämlich standesgemäß geheiratet: Sein ältester Sohn hieß ebenfalls Gustaf Adolf, er war der Vater von Carl Gustaf und vermählte sich am 19. Oktober 1932 mit der deutschen Prinzessin Sibylla von Sachsen-Coburg und Gotha. Leider war er 1947 bei jenem tragischen Flugzeugabsturz nahe der dänischen Hauptstadt Kopenhagen tödlich verunglückt.

Prinzessin Ingrid bereitete ihrem Vater die größte Freude. Sie verliebte sich in den jungen dänischen Kronprinzen Frederik und heiratete ihn am 24. Mai 1935 in Stockholm. Sie wurde später an seiner Seite Königin von Dänemark.

Der zweitälteste Sohn, Prinz Sigvard, setzte ein Jahr zuvor seinen verliebten Willen durch und heiratete am 8. März 1934 die bürgerliche Berlinerin Erika Patzek. Er verlor dadurch alle Titel und durfte sich fortan nur noch Bernadotte nennen.

Ebenso erging es dem Königssohn Prinz Carl Johan. Er heiratete am 19. Februar 1946 in New York die bürgerliche Journalistin Kerstin Wijkmark aus Schweden.

Die Strafe für »Abtrünnige«, die sich bürgerlich verheirateten, weitete König Gustaf VI. Adolf schließlich auf die gesamte Familie aus, die damals sehr klein war. Er hatte nur noch einen Bruder, und das war Prinz Vilhelm. Und dessen einziger Sohn Prinz Lennart verliebte sich in die bürgerliche Schwedin Karin Nissvandt. Er heiratete sie am 20. Februar 1932 in London und verlor dadurch wie seine Cousins alle königlichen Titel und Rechte. Heute ist Graf Lennart Bernadotte in zweiter Ehe mit Gräfin Sonja verheiratet und bekannt als Herr der Blumeninsel Mainau.

Der alte Schwedenkönig Gustaf VI. Adolf hatte aber noch einen weiteren Sohn: Prinz Bertil. Auch dieser hatte sich unsterblich in eine Bürgerliche verliebt. Aber aus Staatsräson flehte ihn sein Vater an, sie nicht zu heiraten, denn er wollte nicht auch Bertil alle Rechte nehmen müssen. Es gab nämlich ein schwer wiegendes Problem: Wenn dem kleinen Carl Gustaf etwas zustoßen würde, wäre der schwedische Thron ohne Erbe.

Prinz Bertil opferte sich für die Krone auf. Aber er opferte nicht seine große Liebe. Die junge Frau hieß Lilian Craig und war Sängerin. Er hatte sie in den 40er Jahren in London kennen gelernt, als sie in einem seriösen Nachtclub das Lied »Lili Marleen« sang. Bertil, damals Marineoffizier, war fasziniert gewesen von dieser Frau. Als einer seiner betrunkenen Kameraden sie berühren wollte, schlug er ihn nieder! Er hatte Lilian in seine Arme genommen und nie wieder losgelassen. Heiraten durfte er die große Liebe seines Lebens nicht, aber er hatte einen interessanten Plan, den sein Vater König Gustaf VI. Adolf stillschweigend duldete. Bertil, der ledige Prinz, gab in großen schwedischen Tageszeitungen eine Anzeige auf, dass er eine Haushälterin suche. Es meldeten sich über 200 Frauen, unter anderem auch eine gewisse Lilian Craig. So ging schließlich alles mit rechten Dingen zu, als er sich für Lilian entschied. Nun konnten sie wie ein Ehepaar unter einem Dach leben – aber in der Öffentlichkeit durfte sie ihn natürlich nicht begleiten. Aus Liebe zu diesem Mann blieb Lilian stets still im Hintergrund. Als »Haushälterin« und später auch als »Sekretärin« war sie dann in München bei der Olympiade selbstverständlich dabei, als Silvia und Carl Gustaf sich kennen lernten. Sie wünschte den beiden mehr Glück und Freiheit, als sie und Bertil gehabt hatten. Und sie betete dafür, dass Silvia und Carl Gustaf eines Tages heiraten durften.

Zunächst war dieser Tag aber noch nicht in Sicht. Kronprinz Carl Gustaf absolvierte pflichtgemäß seine Repräsentationsaufgaben, und Silvia Sommerlath nahm im Frühjahr 1973 das Angebot an, in der Protokollabteilung für die Olympischen Winterspiele 1976 in Innsbruck zu arbeiten. Sie und Carl Gustaf sahen sich in dieser Zeit regelmäßig. Vor einer ihrer Reisen nach Schweden kaufte Silvia in Stuttgart bei einem Hobbyzüchter einen schwarzen Labradorwelpen und nahm das kleine Bündel Hund einfach im Handgepäck mit nach Schweden. Carl Gustaf war überglücklich über dieses Geschenk, stellte es doch auch eine »lebendige Verbindung« zu Silvia her. Sie tauften ihren kleinen Freund »Aly«. Kronprinz Carl Gustaf ließ sich mit »Aly« auch in der Öffentlichkeit fotografieren, bis sich herausstellte, dass einige strenge Religionsgemeinschaften den Namen sehr unpassend fanden. Bei einem Telefonat mit Silvia suchte er einen neuen Namen für »Aly«. Er musste sich aber so ähnlich anhören, weil der Welpe schon darauf reagierte. Nach ein paar Wortspielen entschieden sie sich schließlich gemeinsam für »Charly«.

In den Sommermonaten des Jahres 1973 verschlechterte sich der Zustand von König Gustaf VI. Adolf dramatisch. Kronprinz Carl Gustaf war auf alles vorbereitet. Er wusste seit frühester Jugend, dass dieser Tag einmal kommen würde. Der Tag, an dem sich sein Leben total ändern würde. Im Herbst sagten die Leibärzte, dass sie für den König nichts mehr tun könnten. Am Vormittag des 15. September schlief Gustaf VI. Adolf in Helsingborg sanft ein. Er wurde 91 Jahre alt.

Schon wenige Stunden später, am frühen Nachmittag, zeigte sich in Stockholm der neue König auf dem Balkon des Palastes: Carl XVI. Gustaf. Neben ihm sein Onkel Prinz Bertil. Im Hintergrund seine vier Schwestern Prinzessin Margaretha, Prinzessin Birgitta, Prinzessin Désirée und Prinzessin Christina. Nur die Frau, mit der Carl Gustaf sein Leben teilen wollte, war nicht da. Außer seiner Familie und wenigen engen Freunden wusste keiner von Silvia Sommerlath.

Silvia saß in ihrem Appartement in Innsbruck vor einem kleinen Fernseher und sah in den Nachrichtensendungen, wie der Mann, den sie liebte, zum König von Schweden vereidigt wurde.

Eine Krönung gab es schon seit Generationen in Schweden nicht mehr, aber die Vereidigung war nicht minder prunkvoll. Auf dem Thron aus purem Silber schwor der junge König seinem Volk Treue und gab seinen Leitspruch als Monarch bekannt: »Für Schweden mit der Zeit«. Neue Münzen, Geldscheine und Briefmarken bekam das Land, mit dem Porträt des neuen Königs.

Nach einer angemessenen Trauerzeit herrschte allgemeine Aufbruchstimmung in Schweden. Und die Bürger waren gespannt, wer wohl ihre Königin werden würde. Jedes Mädchen, das auch nur annähernd in die Nähe des jungen Königs kam, wurde sofort von der Presse zur Favoritin auserkoren. Carl Gustaf war mit Abstand der begehrteste Junggeselle in Europa.

Zu diesem Zeitpunkt wusste jedoch niemand, dass sein

Herz schon längst vergeben war. Jedenfalls so gut wie vergeben. Silvia und der König wollten sich erst ganz sicher sein, dass sie ihr Leben miteinander teilen konnten. Schwierigkeiten mit den Thronfolgegesetzen gab es jetzt allerdings keine mehr für Carl Gustaf. Denn als König war er der einzige Mann in der königlichen Familie, der heiraten konnte, wen er wollte. Auch eine Bürgerliche. Warum also noch warten?

Der junge Monarch wollte nichts überstürzen. Und Fräulein Sommerlath wollte sich alles ganz genau überlegen. Bei ihren Zusammenkünften in Schweden hatten sie schon viel über die Zukunft gesprochen. Wie würde das schwedische Volk reagieren, wenn es hörte, dass sich ihr König für eine Frau entschieden hatte, die vielleicht nicht als Wunschkandidatin gehandelt wurde?

Glücklicherweise wurde eine Prinzessin aus königlichem Hause von der Bevölkerung nicht verlangt. 91 Prozent der Schweden waren der Meinung, der König solle die Frau heiraten, die er liebte. Aber würden sie trotzdem Silvia Sommerlath akzeptieren: älter als Carl Gustaf, bürgerlich und eine Deutsche? Nur wenige im Palast waren überhaupt über die Verbindung des Königs zu Silvia informiert. Er hatte mit Absicht viel geschwiegen, denn zu Beginn seiner Regentschaft wollte er erst einmal seinen Hof modernisieren.

Viele Bedienstete des verstorbenen Königs Gustaf VI. Adolf hatten ihr Leben lang im Stockholmer Stadtpalast gearbeitet und waren teilweise schon alt und gebrechlich. Viele hatten sogar das 80. Lebensjahr längst überschritten.

So behutsam und menschlich wie nur möglich stellte der junge König nun einen neuen Hofstaat zusammen. Das konnte natürlich nicht von heute auf morgen geschehen, sondern musste eher langsam, schleichend passieren, damit sich niemand verletzt fühlte. »Neue Besen kehren gut« jedenfalls ist ein geflügeltes Wort, das Seine Majestät, der alte König, nicht unbedingt beherzigt hatte.

Jetzt wurden vertrauenswürdige Personen gesucht – keine Lakaien, wie in den vergangenen Jahren, sondern echte Mitarbeiter. Dies macht einen beträchtlichen Unterschied aus. In der modernen Monarchie gehören Verbeugungen nur noch selten zur Etikette. Eine eigene Meinung und Vorschläge jeder Art hingegen werden gesucht und gebraucht.

Eines Tages sprach Silvia mit ihren Eltern Alice und Walther Sommerlath über ihre Zukunft. Nicht konkret, aber mal vorfühlend.

Der ahnungslose Papa nahm seine Tochter in die Arme und sagte: »Kätzchen, du kannst heiraten, wen du willst. Und wenn es der König von Schweden ist. Hauptsache, du liebst ihn!«

Walther Sommerlath wusste ja nicht, was er da sagte! Als Direktor der schwedischen Stahlfirma Uddeholm war ihm dieser kleine, nahe liegende Scherz eben so durch den Kopf geschossen.

»Ja, Papi«, sagte Silvia und lehnte ihren Kopf an seine Schulter. »Wie recht du doch immer im Leben hast …«

Silvia und Carl Gustaf blieben häufig unerkannt während ihrer Treffen in Stockholm und Umgebung. Einmal unternahmen sie sogar eine gemeinsame Reise nach Südfrankreich. Prinz Bertil und seine »Haushälterin« Lilian stellten ihnen ihre Villa Mirage in St. Maxime für ihre erste gemeinsame Frankreichreise zur Verfügung. Nur sie beide, Silvia und Carl Gustaf. Seine Leibwächter waren selbstverständlich in alles eingeweiht und hielten sich diskret im Hintergrund.

Die Tage in St. Maxime waren herrlich. Das schneeweiße Haus liegt direkt am Meer, und die Sonnenuntergänge dort sind atemberaubend. Die beiden Verliebten genossen jede Stunde, trauten sich aber nicht in eines der kleinen Restaurants an der Strandpromenade. Sie wollten jedes Risiko vermeiden. Einer der Leibwächter ging auf dem Markt einkaufen, damit Silvia und Carl Gustaf gemeinsam kochen konnten. Der König ist übrigens nicht erst seit dieser Zeit bekannt für seine Grillspezialitäten.

Trotz der vielen schönen Ereignisse, die das Schicksal für Silvia und Carl Gustaf bereithielt, sollte dies ihr erster und letzter ungestörter Urlaub sein.

Auf der Ostseeinsel Öland besitzt die schwedische Königsfamilie das Sommerschloss Solliden. Es ist nicht so groß wie der Stockholmer Stadtpalast oder Schloss Drottningholm nahe der Hauptstadt. Man kann es daher durchaus als gemütlich bezeichnen. Die Räume sind hell, nicht sehr groß und modern eingerichtet. Carl Gustaf freute sich riesig darauf, seiner Liebsten das Schloss seiner »sommerlichen Kindheitsträume«, wie er es nannte, zu zeigen. Überhaupt ist die Insel Öland ein wahres Paradies.

Mit seinem metallicblauen Porsche Targa fuhr der König mit Silvia eine halbe Stunde an der Küste entlang, als plötzlich das rote Lämpchen an der Tankanzeige aufleuchtete. Zum Glück war die nächste Tankstelle nicht weit. Silvia saß auf dem Beifahrersitz und wartete, bis Carl Gustaf mit dem Tanken fertig war. Er setzte sich wieder ans Steuer und fuhr los. Genau in diesem Augenblick wurde der König von einem Fotografen erkannt – und abgelichtet.

Das Bild war eine Sensation. Der junge König mit einer jungen Frau ganz allein auf Öland. Sie wirkten so vertraut miteinander. Wer war das Mädchen? Das Foto wurde veröffentlicht und versetzte alle Zeitungsredaktionen in Europa in Aufregung. Ist diese Frau die neue Königin von Schweden? Wie heißt sie? Wie kriegt man den Namen raus? Das Schicksal nahm seinen Lauf.

Es dauerte keine 48 Stunden, da stand der Name der schönen Unbekannten von Öland mit großen Buchstaben in jeder Tageszeitung: Silvia Sommerlath.

Ich grübelte und überlegte. War das nicht die junge Frau, die da bei Familie Blase in Pullach wohnte und am Swimmingpool fotografiert worden war? Den Namen hatte ich längst vergessen. Aber ein Anruf bei Frau Blase verschaffte mir Gewissheit: »Ja, Silvia ist das, Silvia Sommerlath«, sagte Frau Blase fast ein wenig stolz, denn sie hatte es auch gelesen. »Silvia und der König von Schweden, das ist ja ein Ding!«

So kann man es auch ausdrücken, dachte ich mir und schmunzelte. Gut, dann werde ich sie mal anrufen, war mein nächster Plan.

Unter Sommerlath gab es keinen Eintrag im Telefonbuch von Innsbruck. Geheimnummer, war ja klar. Ich versuchte es über das Olympische Komitee. Freundlich stellte ich mich vor und nannte den Namen meiner damaligen Redaktion: *7 TAGE*.

»Was für eine Zeitschrift ist *7 TAGE*?«, fragte die Telefonistin höflich. Ich sagte, es sei eine Unterhaltungszeitschrift, eine moderne Frauenzeitschrift. Es vergingen ein paar Minuten. »Leider darf ich Sie nicht durchstellen«, hörte ich dann am anderen Ende der Leitung. »Frau Sommerlath gibt keine Interviews!«

Spontan erwiderte ich: »Woher wollen Sie denn wissen, dass ich ein Interview haben möchte?«

Die Dame von der Telefonzentrale lakonisch: »Das wollen die Journalisten doch alle.«

Am nächsten Tag versuchte ich es wieder. Und am übernächsten auch. In der nächsten Woche das gleiche Spiel. Keine Chance. Sie wollte nicht verbunden werden.

Dann war ein anderes Fräulein am Telefon, und ich versuchte es mit einem Trick: »Mein Name ist Norbert Loh von der Sportredaktion *7 TAGE*, ich möchte bitte Frau Sommerlath sprechen.« Es knackte in der Leitung, ich wurde verbunden.

»Sommerlath«, sagte eine freundliche, leise und überaus charmante Frauenstimme. Unser Anfangsgeplänkel verlief harmonisch. Sie schien mich zu mögen.

Erwischt!
Das berühmte Foto im Porsche auf der Tankstelle

»Was kann ich für Sie tun?«, fragte Silvia Sommerlath schließlich.

»Mein Name ist Norbert Loh«, sagte ich. »Ich bin Journalist und möchte mich gern mit Ihnen unterhalten.«

»Über welches Thema?«

»Über Sie.«

»Wie bitte? Wieso hat man Sie zu mir durchgestellt? Ich dachte, Sie sind von einer Sportredaktion?«

»Nein, Entschuldigung, das habe ich nur so gesagt, weil man mich sonst nicht mit Ihnen verbunden hätte. Eigentlich müsste ich jetzt sagen, dass es mir Leid tut oder so was. Aber es tut mir gar nicht Leid.«

»Wenigstens sind Sie ehrlich.«

»Ich mache ja auch nur meinen Job. Und dazu gehört zum Beispiel, Sie zu den Schlagzeilen der letzten Wochen zu befragen. Ich möchte doch nichts schreiben, was nicht stimmt.«

»Ja, hoffentlich.«

»Wissen Sie, dass ich schon von Ihnen gehört habe, als Sie noch nicht mit König Carl Gustaf in Verbindung gebracht wurden?«

»Nein. Sie machen es aber spannend.«

»Na ja, so spannend ist es nun auch wieder nicht. Ich kenne Sie über die Familie Blase aus Pullach, bei der Sie früher einmal gewohnt haben.«

»Ja, das sind sehr nette Leute.«

»Ich fand die Fotos von Ihnen so schön. Irgendwie habe ich mir damals gedacht: Was für ein sympathisches Mädchen!«

»Welche Fotos meinen Sie?«

»Die Bilder von irgendeinem Sommerfest. Da liegen Sie im Bikini am Swimmingpool.«

»Haben Sie diese Fotos noch?«

»Ja, ein paar schöne Abzüge.«

»Werden Sie das in Ihrer Zeitschrift veröffentlichen?«

»Wenn Sie dagegen sind, natürlich nicht …«

»Ich bitte Sie, es nicht zu tun.«

»Ok, dann werde ich die Fotos natürlich nicht bringen. Ehrlich, ich verspreche es Ihnen. Ich werde sie heute nicht und auch nicht irgendwann später veröffentlichen.«

»Jetzt muss ich mich bei Ihnen bedanken, oder vielmehr darf ich mich bei Ihnen bedanken. Andere Kollegen von Ihnen hätten in so einer Situation vielleicht ganz anders reagiert.«

»Ach, Frau Sommerlath. Das hat mit Bedanken wirklich gar nichts zu tun. Das ist irgendwie Ehrensache.«

»Trotzdem. Danke.«

»Darf ich Sie denn mal wieder anrufen?«

»Natürlich. Gern.«

»Das sagen Sie jetzt. Und dann werde ich doch wieder nicht zu Ihnen durchgestellt?«

»Nein. Das heißt doch. Nein. Ach, ich meine ja. Ich sage Bescheid, und dann wird man Sie verbinden, wenn ich da bin.«

»Danke, auf Wiederhören.«

»Danke auch. Ich bin auf die nächste Ausgabe von 7 *TAGE* gespannt. Ich werde sie mir besorgen. Wiederhören.«

Sie hatte mir nicht hundertprozentig vertraut. Aber wie sollte sie auch? Wir kannten uns ja kaum. Das Gespräch mit Silvia Sommerlath fand an dem Tag statt, an dem wir bei 7 *TAGE* Redaktionsschluss hatten. Ich habe die Bilder weder mit in die Redaktion genommen noch veröffentlicht. Wir hatten nicht einmal eine Geschichte über die angebliche neue Romanze gebracht, denn wir konnten nichts Neues schreiben.

Bei meinem ersten Gespräch hatte ich doch völlig vergessen, Silvia nach ihrer Beziehung zum König von Schweden zu fragen. Ich bekam aber später reichlich Gelegenheit, das nachzuholen. Erst mal hatte ich ihr noch am selben Tag einen großen Blumenstrauß per Fleurop schicken lassen. Schließlich wollte ich mich dafür entschuldigen, dass ich sie bezüglich der Sportredaktion ein wenig angeschwindelt hatte.

In der Zwischenzeit geisterten immer abenteuerlichere Geschichten durch den europäischen Blätterwald. Von der *Romanze des Jahrhunderts* wurde sogar geschrieben. Der König von Schweden hätte sich nach vielen Jahren des Flirtens und der Liebeleien endlich für Silvia Sommerlath entschieden. Gut informierte Kreise am Hof hätten das berichtet.

Ich wollte mich nicht auf irgendwelche Informationen aus zweiter oder dritter Hand verlassen. Ich flog also kurz entschlossen nach Stockholm und sprach mit Jan Mortenson, dem damaligen Pressereferenten von König Carl Gustaf. Wir waren im Grand Hotel, das direkt gegenüber vom Stadtpalast liegt, zum Essen verabredet. Jan Mortenson war ein Gentleman, Ende 40, graue Schläfen und Goldrandbrille. Er sprach akzentfrei deutsch.

»Der König hat im Moment keine Heiratsabsichten«, eröffnete er unser Gespräch. »Alles, was so geschrieben wird, sind reine Spekulationen. Sie wissen doch, wie das ist: Er trifft ein hübsches Mädchen, und schon wird daraus seine Braut gemacht, nicht?«

Ich nickte und fiel mit der Tür ins Haus: »Und was ist mit Silvia Sommerlath?«

Jan Mortenson zuckte mit den Schultern: »Ich weiß es nicht. Wenn der König über sein Privatleben nicht sprechen will, gibt es auch nichts zu deuten.«

Ich hakte nach: »Aber Sie kennen Silvia Sommerlath?«

Jan Mortenson: »Der König hat mir über private Zukunftspläne nichts gesagt. Wir haben heute so schönes Wetter. Sie sollten später am Nachmittag eine Tour mit einem der weißen Ausflugsdampfer machen.«

Ich nickte und hatte verstanden: Keine weiteren Fragen über das Privatleben Seiner Majestät. Wir sprachen über die nächsten offiziellen Termine des Königs und über die Vorbereitungen zur Nobelpreisverleihung. Bei der Verabschiedung von Jan Mortenson hatte ich das Gefühl, dass er mir ganz gewaltig viel verschwiegen hatte. Ich flog aber immerhin mit der Erkenntnis nach München zurück, dass er die Bekanntschaft des Königs zu Silvia Sommerlath nicht dementiert hatte. Aber viel klüger war ich nach meinem Besuch in Stockholm trotzdem nicht. Allmählich betrachtete ich die Reise als eines von vielen Teilchen des royalen Puzzlespiels.

Am Tag nach meiner Rückkehr aus Stockholm rief ich in Innsbruck bei Silvia Sommerlath an. Würde man mich sofort verbinden oder nicht? Es klappte auf Anhieb.

»Sommerlath. Grüß Gott, Herr Loh«, meldete sie sich.

»Grüß Gott! Ich hatte eigentlich nicht gedacht, dass ich gleich durchgestellt werde«, sagte ich überrascht.

»Das hatte ich Ihnen doch versprochen.«

»Ja, das hatten Sie. Sehr lieb. Dankeschön.«

»Erst mal möchte ich mich bedanken. Für den wunderschönen großen, bunten Blumenstrauß, den Sie mir geschickt haben.«

»Das habe ich doch gern gemacht. Was für Blumen hat man Ihnen denn geschickt? Wenn man die so bestellt, weiß man ja nicht genau, was ankommt.«

»Wunderschön sind sie. Weiße Nelken, blaue Iris, Schleierkraut und viele rote Rosen.«

»Rote Rosen?«

»Rote Rosen.«

»Wenn die von König Carl Gustaf wären, könnte ich eine schöne Geschichte daraus machen, oder?«

»Wie meinen Sie das?«

»So, wie ich es gesagt habe.«

»Und wie haben Sie es gesagt?«

»Na ja, ich meine, hat der König Ihnen schon mal rote Rosen geschenkt?«

»Nein, warum sollte er?«

»Warum sollte er nicht?«

»Ich weiß nicht, warum Sie mich das jetzt fragen?«

»Lesen Sie keine Zeitungen?«

»Doch. Aber Sie kennen doch Ihre Kollegen. Die übertreiben mitunter maßlos.«

»Frau Sommerlath, immer wieder wird über eine Romanze zwischen Ihnen und König Carl Gustaf geschrieben. Ist das wahr oder nicht?«

»Herr Loh. Ich gebe keine Interviews. Und unser Gespräch hört sich jetzt ganz nach einem Interview an. Ich möchte das nicht. Bitte, verstehen Sie mich.«

»Ich verstehe Sie sehr gut. Glauben Sie mir. Aber ich versuche gerade, meinen Job zu machen. Ich würde mich ärgern, wenn andere Kollegen vor mir eine tolle Geschichte hätten.«

»Ihre Kollegen werden keine tolle Geschichte haben, denn ich spreche nicht mit Ihren Kollegen.«

»Ach so. Das wusste ich nicht. Trotzdem machen Sie es mir nicht leicht. Unsere Leser wollen alles über Sie und den König wissen. Was soll ich denn in der nächsten Ausgabe über Sie schreiben?«

»Am besten gar nichts.«

»Ja, ja. Ich weiß. Sie schweigen, obwohl ich meine Ohren sooo weit aufsperre. Ich war übrigens zwei Tage in Schweden.«

»Ach, ja? Was haben Sie da gemacht?«

»Das war so ein Routinebesuch beim schwedischen Hof. Das mache ich gelegentlich. Und es war ganz interessant, was die schwedischen Illustrierten über Sie und den König schreiben. Ich spreche Dänisch und kann darum auch Schwedisch gut verstehen. Die Sprachen ähneln sich sehr.«

»Und?«

»Jan Mortenson sagte mir, dass König Carl Gustaf über sein Privatleben nur selten spricht.«

»Wer ist Jan Mortenson?«

»Der Pressesprecher des Königs.«

»Aha.«

»Er kommentierte auch nicht das Fest, auf dem Sie mit dem König waren. Da gibt es ein Foto: Sie tragen ein langes Kleid, schulterfrei, mit riesigem Blumenmuster. In der linken Hand halten Sie eine helle Stola.«

»Ich bin mit dem König zusammen fotografiert worden?«

»Der König ist auf diesem Bild nicht drauf.«

»Also!«

»Das war ja auch auf dem *Weg* zu dem Fest. Der König war schon im Restaurant. Sie kamen hinterher.«

»Das sagen *Sie* jetzt.«

»Nein, so beschreiben das die schwedischen Reporter. Und Sie können doch nicht sagen, dass Sie nicht dort waren.«

»Das habe ich ja auch nicht behauptet. Herr Loh, das läuft ja doch auf ein Interview raus.«

»Nein. Ich schreibe nicht darüber.«

»Ich kann Ihnen sagen, dass ich ihn kenne. Wir sind befreundet. Mehr möchte ich nicht sagen.«

»Ja. Ich werde es für mich behalten.«

»Was werden Sie für sich behalten?«

»Dass Sie ihn kennen und mit ihm befreundet sind.«

»Das ist doch kein Geheimnis!«

»Eben.«

»Sie sind so nett! Nicht böse sein.«

»Nein, bin ich nicht. Wiederhören – bis zum nächsten Mal?«

»Ja, Herr Loh, wiederhören bis zum nächsten Mal.«

Reden ist Silber, Schweigen ist Gold. Für Silvia Sommerlath traf das hundertprozentig zu. Aber ich musste mich Woche für Woche zwischen ihrer Gunst und der meines Chefredakteurs Heinz Gärtner entscheiden. Glücklicherweise ließ Gärtner mir freie Hand und zwang mich nicht, irgendwelche unrecherchierten Geschichten über Silvia und König Carl Gustaf zu schreiben. Das stärkte mir zwar den Rücken, und ich musste nicht, wie Kollegen von anderen Zeitschriften, ständig Titelgeschichten über »Silvia und den König« ins Blatt heben. Andererseits konnte ich die Geduld meines Chefredakteurs nicht endlos strapazieren.

Allmählich fing Silvia Sommerlath an, mir ein wenig zu vertrauen. Ich habe das nie ausgenutzt. Dazu mochte ich sie menschlich viel zu gern. Aber ich wollte und musste mehr über sie erfahren. Und habe höflich und diskret ihre Eltern in Heidelberg angerufen. Die Nummer bekam ich von der Telefonauskunft. Es war der 22. Januar 1976. Ich rief etwa gegen 17 Uhr an.

»Danke, danke«, sagte ein Mann am Telefon. Ich wunderte mich, wie man sich so melden kann, und sagte: »Bitte, bitte«.

Kurzes Schweigen. »Hjalmar Rosenblad?«, fragte der Mann.

»Nein, Norbert Loh«, antwortete ich.

»Wer?«

Ich wiederholte meinen Namen.

»Hjalmar?«, drang es noch einmal an mein Ohr. Doch leider musste ich ihn enttäuschen. Der Irrtum klärte sich schnell auf. Der Mann am Telefon war Silvias Vater Walther Sommerlath.

Was ich zu dem Zeitpunkt nicht wusste, war die Tatsache, dass er am 22. Januar Geburtstag hatte. Und sein Freund Hjalmar Rosenblad aus Kopenhagen hatte ihm gerade gratuliert, als die Leitung unterbrochen wurde. Wir haben oft darüber gelacht, und noch Jahre später, wenn ich immer genau um 17 Uhr an seinem Geburtstag anrief, hat er sich verschmitzt mit »Danke, danke« gemeldet. Er hatte einen so wunderbaren Humor.

Einen Tag nach seinem Geburtstag im Jahre 1976 rief ich noch einmal an, und wir sprachen fast eine Stunde. Ich hatte das Gefühl, als ob ich ihn schon viele Jahre lang kennen würde. Und dieses Gefühl beruhte absolut auf Gegenseitigkeit. Darum fragte ich, ob ich ihn und seine Frau Alice in Heidelberg besuchen könne.

»Das möchte meine Tochter nicht«, sagte er.

»Ja, das kann ich durchaus verstehen«, antwortete ich.

»Aber eigentlich … Herr Loh, was machen Sie am kommenden Wochenende?«

»Ich habe keine besonderen Pläne.«

»Dann kommen Sie doch nach Heidelberg!«

»Ich dachte, Ihre Tochter möchte das nicht.«

»Sie möchte nicht, dass wir Reporter zu Hause empfangen. Aber bei Ihnen habe ich gar nicht mal das Gefühl, dass Sie ein Reporter sind.«

»Glauben Sie, dass ich einfach besonders raffiniert bin und mich gut verstelle?«

»Nein. Ich habe in meinem Alter eine gute Menschenkenntnis.«

»Danke für das Kompliment.«

»Das sollte gar kein Kompliment sein. Aber egal. Am kommenden Sonntag gehe ich am Vormittag um elf Uhr hier in Heidelberg über die Alte Brücke.«

»Gehen Sie jeden Sonntag dort spazieren?«

»Wie bitte?«

»Ich sagte, gehen Sie jeden Sonntag dort spazieren?«

»Nein. Aber am nächsten Sonntag gehe ich dort um elf Uhr spazieren. Um elf Uhr. Und wenn Sie mir dann rein zufällig entgegenkommen, können wir uns ja vielleicht begrüßen. Rein zufällig natürlich.«

»Meine Güte, ich hatte ein Brett vor dem Kopf.«

»Nein, einen ganzen Lattenzaun.«

Am nächsten Sonntag fuhr ich schon um fünf Uhr morgens von München los, um pünktlich zu sein. Irgendwie kam ich mir vor wie in einem Spionagefilm. Zwei Agenten treffen sich anonym im Nebel über einem Fluss. So kam es, dass ich schon um Viertel nach zehn auf der Alten Brücke war. Zu meiner Überraschung kam Walther Sommerlath mir bereits entgegen. Er schob sein Fahrrad, was mich zudem wunderte.

»Das ist gesund und hält fit«, sagte er. »Außerdem wollte ich nicht mit meinem alten Mercedes kommen. Sind Sie mit Ihrem Opel Ascona zufrieden?«

»Ja, ich verstehe aber nicht viel von Autos.«

»Aha. Wie viel Hubraum hat der?«

»Ich schätze, so etwa einen Kilometer.«

»Wie bitte?«

»Ja, es kann auch mehr oder weniger sein.«

»Mehr oder weniger was?«

»Ehrlich, ich weiß nicht, wie weit man mich wirklich hört, wenn ich hupe. Ist das denn so wichtig?«

Walther Sommerlath begann schallend zu lachen. Ich hatte gemeint, Hubraum wird mit »p« geschrieben, und bezog mich darauf, wie weit man mich hupen hörte. Ist doch logisch, oder? Sommerlath wischte sich mit einem Taschentuch die Tränen aus den Augen und klärte mich über den Hubraum auf. Dabei klopfte er mir unermüdlich auf die Schulter und schüttelte immer wieder mit einem Grinsen den Kopf. Mir war das so peinlich.

Als wir spazieren gingen, zog Walther Sommerlath eine schwedische Illustrierte aus seiner inneren Manteltasche, und ich schob das Fahrrad.

»Die habe ich hier am Bahnhofskiosk gekauft«, sagte er.

»Ja, die habe ich vor ein paar Tagen auch gelesen. Ich bekomme die schwedischen Zeitschriften *Hänt i veckan* und *Svensk Dam Tidning* in die Redaktion.«

»Ich kann das nicht lesen. Was steht da über meine Tochter und den König?«

»Dass sie sich öfter heimlich treffen. Aber die Schweden

sind diskret. Die übertreiben nicht so wie wir in Deutschland. Es geht immerhin um ihren König und die Frau an seiner Seite.«

»Meine Tochter.«

»Ja. Aber das ist Ihnen doch nicht neu.«

»Nein. Natürlich nicht.«

»Können Sie sich vorstellen, dass Ihre Tochter und der König ein Paar sind?«

»Es kommt nicht darauf an, was ich mir vorstellen kann. Ich möchte, dass Silvia glücklich wird.«

»Das möchte ich auch. Wissen Sie, ich habe so ein Gefühl. Ein Gefühl, das mich nicht täuscht. Ich glaube, dass Silvia glücklich wird. Ich bin sogar ganz sicher.«

»Ihr Wort in Gottes Ohr. Sie schreiben das doch nicht in Ihrer Zeitung, oder?«

»Nein.«

»Dumme Frage von mir. Ich vertraue Ihnen. Dabei kennen wir uns kaum. Aber so etwas gibt es. Geben Sie mir Ihre private Anschrift und Ihre private Telefonnummer. Dann kann ich mich bei Ihnen melden.«

Ich gab sie ihm und bekam dafür eine Visitenkarte, wie ich sie noch nie gesehen hatte. Dunkelblau mit silberfarbener Schrift: Walther Sommerlath, Direktor, Uddeholmstahl, Schweden. Ich war beeindruckt: »Was für ein tolles Geräusch das macht, wenn man die Karte so mit Daumen und Zeigefinger festhält und damit wedelt.«

»Die ist ja auch aus Stahl. Aus extrem dünnem Stahl. Jeder wedelt so mit der Karte. Das kenne ich schon. Herrlich, nicht?«

»Kommt Ihre Tochter Sie eigentlich oft besuchen?«

»Sooft sie kann. Aber sie hat ja jetzt in Innsbruck viel zu tun. So kurz vor den Olympischen Spielen. Aber sie ruft uns oft an. Herr Loh, vielleicht sollten wir meiner Tochter noch nicht sagen, dass wir uns getroffen haben …«

»Haben wir uns überhaupt getroffen?«

»Wir verstehen uns.«

»Machen Sie es gut. Ich melde mich, Herr Sommerlath!«

Silvia Sommerlath wurde in Innsbruck immer massiver von der Presse verfolgt. Ihre Chefin, Dr. Emmy Schwabe, ließ sie, so gut es ging, abschirmen. Auch der Bürgermeister von Innsbruck, Dr. Lugger, war Silvia behilflich. Nachdem Reporter ihre Wohnung ausfindig gemacht hatten, half er ihr bei der Suche nach einer neuen, diskreteren Adresse. Doch auch dort hatte die Presse sie bald ausfindig gemacht. Der Portier, der den Eingang bewachte, hätte sich viel Geld nebenbei verdienen können. Aber er schwieg eisern und war Silvias guter Beschützer. Nie kam ein einziges Wort über seine Lippen. Damals wurde es für Silvia und Carl Gustaf immer schwerer, sich zu treffen. Wenn sie in ihrer knappen Freizeit nach Schweden flog, dann nur mit Perücke und dunkler Sonnenbrille. Sie war einfach schon zu bekannt. Sie versuchte alle möglichen Tricks, um inkognito zu bleiben. Manchmal flog sie nicht nach Stockholm, sondern in die dänische Hauptstadt Kopenhagen. Von dort ging es mit der Fähre nach Malmö und mit dem Leihwagen weiter. Manchmal kam Carl Gustaf ihr auch entgegen, und sie trafen sich auf halbem Weg bei Freunden.

Neben seinen Leibwächtern sorgten zivile Polizeibeamte für seine Sicherheit. Der König wäre gern häufiger nach Innsbruck gekommen. Aber er konnte nicht unerkannt reisen und hätte sich natürlich auch nie verkleidet. Die Etikette verlangte, dass er seine Auslandsaufenthalte dem gastgebenden Land vorher ankündigte.

Trotzdem fand er Mittel und Wege. Oft fuhr Silvia mit dem Wagen von Innsbruck nach München. Dort wartete Carl Gustaf schon im Haus seiner Schwester Prinzessin Birgitta von Hohenzollern im Vorort Grünwald. Sie und ihr Mann Prinz Johann Georg, genannt Hansi, versteckten das Liebespaar viele Jahre lang. Die Presse wusste von diesen heimlichen Treffen nichts.

Aber wie das Leben so spielt, erfuhr ich durch reinen Zufall davon. Oder war es Schicksal? Ich weiß es nicht. Jedenfalls geschah Folgendes: Käthe, die gute alte Haushälterin von Prinzessin Birgitta, ging auf dem Markt in Grünwald einkaufen. Am Gemüsestand traf sie Lisa, die dort für ihre kranke Cousine Hertha aushalf. Lisa liebte Klatschzeitschriften und zeigte Käthe eine Illustrierte mit der großen Überschrift: *Alles aus! Silvia und Carl Gustaf getrennt!*

Käthe schüttelte den Kopf und sagte, das sei alles Quatsch. Sie müsse es schließlich wissen. Denn gerade heute seien Silvia und der König wieder bei ihren Herrschaften. Und von Trennung könne keine Rede sein. Nein, eher das Gegenteil sei der Fall: Mit Sicherheit werde Silvia bald den Schleier tragen!

Das berichtete mir wenige Tage später meine Putzfrau

Zita, die eine Nachbarin von Lisa war. Ausgerüstet mit diesem Wissen, wurde ich von meiner Redaktion kurz darauf in die Schweiz geschickt. Denn von München-Grünwald fuhren Silvia und Carl Gustaf gemeinsam mit dem Auto nach Klosters zum Skifahren. Sie wohnten in der Villa »Stafuela«, die Prinzessin Birgitta und Prinz Johann Georg gehörte. Ich fühlte mich nicht sehr wohl in meiner Rolle. Es lag mir nicht, Menschen zu belauern. Dafür gab es doch Reporter, denen so etwas nichts ausmachte. Aber mein Chef bestand darauf, dass ich hinfuhr.

Mit gemischten Gefühlen ging ich an meine Aufgabe. Es schien sich aber herumgesprochen zu haben, dass Silvia Sommerlath und der König in Klosters waren, denn in den Straßen wimmelte es nur so von Reportern und Fotografen. Ich ging meiner eigenen Wege und hatte eigentlich kein Verlangen mehr nach der exklusiven Enthüllungsstory. Aber es gab kein Entrinnen: Kurz vor Mitternacht sah ich Silvia und den König aus einem Restaurant kommen. Sie verabschiedeten sich von Freunden und gaben sich Bussi links und rechts. Mein Fotograf drückte ohne Blitzlicht auf den Auslöser. Dann jubelte er: »Wir haben sie! Wir haben sie!« Ich nickte. Als ich am nächsten Morgen zum Frühstück kam, sagte mein Fotograf freudig erregt, er hätte in der Redaktion schon alles erzählt und wir würden eine Titelgeschichte daraus machen.

Die Fotos wurden nichts. Sie waren unterbelichtet. Es war absolut gar nichts darauf zu erkennen. So lag es nun an mir, den Text zu schreiben. Ich hätte Silvia gern geschont, aber mein Fotograf hatte alles bereits brühwarm in der Redaktionskonferenz ausgeplaudert. Ich hatte also keine Wahl, und daher beschrieb ich, wie Silvia und der König sich in Klosters im Mondschein küssten.

Ich ahnte, was auf mich zukommen würde. Und als die Zeitschrift in der nächsten Woche am Kiosk war, wartete ich regelrecht auf einen Anruf von Silvia. Er kam auch. Und zwar viel schneller, als mir lieb war.

»Ich habe Ihre neue Ausgabe gelesen«, sagte sie ruhig, aber ich spürte ihre Erregung dennoch.

»Welche?«, fragte ich, obwohl ich wusste, welche sie meinte.

»Die neue natürlich. In Klosters waren Sie?«

»Ja, ich war in Klosters.«

»Warum haben Sie mich beobachtet und verfolgt?«

»Ich habe nie die Absicht gehabt, Sie zu verfolgen.«

»Nein? Woher haben Sie denn die Information, dass ich Carl Gustaf im Mondschein geküsst haben soll?«

»Na ja, manchmal ...«

»...wird übertrieben. Es war nicht der Mondschein, Herr Loh, es war unter einer Laterne! – Herr Loh, machen Sie das nicht mehr.«

»Gut.« Ich versuchte ihr zu erklären, dass ich zwar weiterhin zurückhaltend bleiben wollte, aber beständig von meinem Chefredakteur gedrängt wurde.

»Kann sein. Aber ich rede nicht mit Journalisten.«

»Das hatte ich vergessen.«

»Ja, ich – ich auch.«

»Wissen Sie, dass Sie einen betörenden Charme haben?«

»Jede Frau freut sich über ein Kompliment.«

»Darf ich Sie etwas Persönliches fragen?«

»Kommt drauf an.«

»Lieben Sie den König?«

»Lieben Sie Ihre Frau?

»Ich bin nicht verheiratet.«

»Sehen Sie, ich auch nicht. Herr Loh, ich hätte Klügeres von Ihnen erwartet.«

»Ok, das war jetzt wohl nichts. Entschuldigung, es tut mir wirklich sehr Leid. Aber vielleicht können wir eine Abmachung treffen.«

»Was meinen Sie damit?«

»Sie geben keine Interviews.«

»Nein, nein.«

»Das weiß ich. Aber – wenn Sie Königin von Schweden sind, machen wir dann ein Interview?«

»Ja, Herr Loh, dann machen wir ein Interview.«

»Versprochen?«

»Versprochen.«

»Frau Sommerlath, ich habe ganz vergessen zu fragen, wie es Ihnen geht.«

»Nun – es geht mir olympisch. Wir alle sind sehr nervös.«

Die Olympischen Winterspiele im österreichischen Innsbruck fanden vom 4. bis 15. Februar 1976 statt. Es nahmen 1128 Athleten aus 37 Ländern teil, davon 900 Männer und 228 Frauen. Die 37 Wettbewerbe sahen sich 735 000 Zuschauer live an. Eigentlich war Innsbruck als Austragungsort eine Notlösung, denn erst im Februar 1973 hatte der

Tiroler Ort den Zuschlag zur Ausrichtung bekommen. Ursprünglich war die amerikanische Stadt Denver im Mai 1970 dazu auserkoren worden, die Winterolympiade zu veranstalten. Doch schon anderthalb Jahre später wurden die ersten Schwierigkeiten sichtbar. Die ursprünglichen Planungen waren umgeworfen worden, es hatten sich Bürgerinitiativen gegen die finanzielle Bezuschussung der Spiele gebildet, und so blieb der Stadt nichts anderes mehr übrig, als die Spiele zurückzugeben.

Sofort entschied sich das IOC für Innsbruck, und das war goldrichtig. Die Österreicher konnten vorhandene Olympiaanlagen nutzen und daher kurzfristig planen. Viele Mitarbeiter der Olympischen Spiele in München konnten wieder gewonnen werden. So auch Silvia Sommerlath, die sich in der Protokollabteilung verdient gemacht hatte. Ohne sie wären viele Dinge im Vorfeld der Olympiade nicht so reibungslos abgelaufen, wie sie es dann taten.

Der große Olympiaball in Innsbruck zählte zu den Höhepunkten des gesellschaftlichen Teils. Sportler, Politiker, Künstler und Funktionäre aus aller Welt freuten sich auf einen unterhaltsamen Abend. Ich stand im dunkelblauen Smoking am Eingang und wollte gerade den Ballsaal betreten, als ich hinter mir eine Stimme hörte, die mir vertraut vorkam: Silvia Sommerlath erschien – und zwar ganz allein. Wir begrüßten uns sehr herzlich, und ich half ihr aus dem Lodenmantel. Sie trug ein bezauberndes smaragdgrünes Abendkleid.

»Darf mein Fotograf ein Erinnerungsbild von uns beiden machen?«, fragte ich sie.

»Natürlich, gern«, war ihre Antwort.

Ich führte Silvia in den Saal an ihren Tisch und wünschte ihr einen schönen Abend. Mein Fotograf war so begeistert von ihr, dass er sie immer wieder fotografierte.

»Ich konnte nicht mal in Ruhe essen«, sagte sie mir später am Telefon, »er hat ständig fotografiert. Mir war das unangenehm, denn ich wusste nicht, was die anderen Gäste davon hielten.«

Ich entschuldigte mich im Nachhinein für sein Verhalten.

Silvias offizielle Arbeit für das Olympische Komitee in Innsbruck sollte kurz nach Ende der Spiele im Februar 1976 beendet sein. Und dann? Immer häufiger tauchten jetzt Spekulationen und Gerüchte auf, dass König Carl Gustaf von Schweden die schöne Silvia Sommerlath bald heiraten würde. Es wurde unter Pressekollegen sogar schon ein Datum gehandelt. Es hieß, dass Carl Gustaf sich mit Silvia Mitte März 1976 verloben würde. Offiziell wurde vom Hof in Stockholm nichts bekannt gegeben. Also versuchte ich es bei Silvia in Innsbruck. Am 9. März rief ich sie an.

»Ich muß Sie etwas sehr Konkretes fragen«, sagte ich.

»Gut, ich bin gespannt«, antwortete sie.

»Ist es wahr, dass Sie morgen nach Stockholm fliegen, um sich dort mit König Carl Gustaf zu verloben?«

»Nein.«

»Dann waren das doch wieder nur Gerüchte. Wiederhören!«

»Wiederhören, Herr Loh!«

Wenig später traf ich in der Alten Pinakothek in München Prinz Johann Georg von Hohenzollern, König Carl Gustafs Schwager. Ich sagte: »Merkwürdig, ich hatte gedacht, dass sich Carl Gustaf in Kürze mit Silvia Sommerlath verlobt.«

Prinz Johann Georg: »Das stimmt ja auch. Warten Sie es ab.«

Am Freitag, 12. März 1976, gab der schwedische Hof offiziell die Verlobung Seiner Majestät König Carl XVI. Gustaf von Schweden mit Fräulein Silvia Renate Sommerlath bekannt.

Eigentlich hätte ich mich darüber freuen sollen. Aber ich war enttäuscht. Da hatte sie mich doch angeschwindelt?

Nein, hatte sie nicht. Ich hatte Silvia gefragt, ob sie *morgen* nach Stockholm fliegen würde, um sich mit König Carl Gustaf zu verloben. Sie sagte Nein. Und das stimmte. Denn sie flog bereits unmittelbar nach unserem Telefongespräch nach Schweden. In ihre neue Heimat.

3

Märchenhochzeit

»Mein Kätzchen, weißt du,
dass du morgen Königin wirst?«

Am schwedischen Hof hatte man mit der Verlobung und Hochzeit eines Monarchen keine unmittelbare Erfahrung. Die letzte Königshochzeit fand vor 179 Jahren in Stockholm statt. Seit dieser Hochzeit von Gustav IV. Adolf im Jahre 1797 hatte kein König mehr als Regent geheiratet. Darum gab es aus der neueren Zeit kein Protokoll, an das man sich hätte halten können.

Die letzte Königshochzeit in Europa wiederum hatte vor zwölf Jahren 1964 in Athen stattgefunden. König Konstantin von Griechenland heiratete im Tatoi-Palast Prinzessin Anne-Marie von Dänemark. Sie war eine direkte Cousine von Carl Gustaf. Dessen tödlich verunglückter Vater Erbprinz Gustaf Adolf und Anne-Maries Mutter Königin Ingrid von Dänemark, eine geborene Prinzessin von Schweden, waren Geschwister.

Die Liebesgeschichte von Konstantin und Anne-Marie amüsierte in den 60er Jahren den gesamten europäischen Hochadel. Der gut aussehende König und die bezaubernde Prinzessin lernten sich auf einem Ball kennen und spürten in ihrer jugendlichen Verliebtheit, dass sie füreinander bestimmt waren. Drei Monate später bat der junge König Konstantin von Griechenland den alten König Frederik von Dänemark um die Hand seiner Tochter Anne-Marie. Und das fand ganz und gar unromantisch während eines Schlossfestes in Kopenhagen auf der Herrentoilette statt.

»Ich bin bis über beide Ohren verliebt und möchte deine Tochter Anne-Marie heiraten«, sagte König Konstantin.

»Du bist verrückt. Das geht nicht. Anne-Marie ist erst 17«, schrie König Frederik und war völlig außer sich.

»Na und, ich bin 24 und liebe sie«, war die Erwiderung des jungen Königs.

»Das ist Quatsch! Ich habe noch zwei ältere Töchter. Margrethe und Benedikte …«

»Aber ich liebe Anne-Marie!«

»Nein! Nein, nein!«

König Frederik hatte die Tür zugeknallt und kurzerhand König Konstantin auf der Toilette eingeschlossen. Dann rannte er geschwind in den Ballsaal und fragte seine kleine Anne-Marie: »Liebst du ihn?«

Die Prinzessin wusste sofort, wer gemeint war. Sie errötete und sagte strahlend: »Ja!«

König Frederik atmete einmal tief ein und einmal tief aus. Dann befreite er König Konstantin aus der Toilette und sagte: »Wenn es denn so ist, dann soll es eben so sein. Aber wenn du sie unglücklich machst, bringe ich dich um!«

Bereits vier Wochen später, am 30. August 1964, fand in Kopenhagen die Verlobung statt. Es war Anne-Maries

18. Geburtstag. Knapp zwei Wochen später, am 10. September 1964, flog die junge Prinzessin von Dänemark mit ihrer gesamten Familie nach Brindisi in Italien. Von dort aus ging es mit der königlichen Jacht *Dannebrog* weiter nach Athen, wo König Konstantin im Hafen sehnsüchtig auf seine Braut wartete. Am 18. September konnte schließlich die Hochzeit stattfinden. Die bezaubernde Prinzessin Anne-Marie wurde die jüngste Königin der Welt. Und ihr stolzer Cousin, Kronprinz Carl Gustaf von Schweden, damals auch erst 18 Jahre alt, durfte die königliche Braut als einer der ersten zum Glückwunsch küssen. Sie war seine erklärte Lieblingscousine.

Zwölf Jahre später reiste wieder eine junge Frau in eine neue Heimat, in ein fremdes Land, um dort Königin zu werden.

Silvia Sommerlaths Reise nach Schweden war aber weitaus weniger spektakulär. Sie fuhr im März 1976 mit dem Auto von Innsbruck nach München. Dort traf sie sich mit einigen wenigen eingeweihten Freundinnen zum Mittagessen im traditionsreichen bayerischen Restaurant Franziskaner in der Perusastraße. Anschließend kaufte sie gleich um die Ecke in der exklusiven Modeboutique Chou Chou in der Theatinerstraße ihr Verlobungskleid. Ein reizendes Ensemble in Weiß mit dezenten schwarzen Streifen. Sie packte es sorgsam in einen Koffer und machte sich mit insgesamt vier Gepäckstücken auf den Weg zum Münchner Flughafen Riem. Dort wechselte sie auf einer Bank ein paar österreichische Schillingscheine und ein paar deutsche Banknoten in schwedische Kronen um. Die Bankangestellte händigte ihr auch ein paar Münzen aus. Sie blinkten in ihrer Hand, und als Silvia die Einkronen-Münze umdrehte, musste sie unwillkürlich schmunzeln: Ihr Carl Gustaf schaute sie an.

Silvia flog mit einer Linienmaschine der skandinavischen Fluggesellschaft SAS von München über Kopenhagen nach Stockholm. Als die Maschine ihre Flughöhe verließ, schaute Silvia aus dem Fenster. Überall Wälder und Seen. Wie würden die Menschen sie da unten empfangen? Was würden sie sagen, wenn sie hörten, dass ihr König sie heiraten wollte? Vielleicht war es ganz gut, dass die Presse mittlerweile vier Jahre lang von der heimlichen Romanze berichtet hatte. Silvia war den Menschen in Schweden nicht mehr ganz unbekannt.

Nach der Landung auf dem Stockholmer Flughafen Arlanda musste Silvia Sommerlath nicht mehr durch die Passkontrolle und auch nicht durch den Zoll. Stattdessen wurde sie von drei freundlichen Herren begrüßt, die sie zu einem wartenden dunkelblauen Volvo, einer Hoflimousine, führten. Im Eiltempo ging es über die Autobahn nach Stockholm.

Knapp 45 Minuten später öffneten sich für Silvia Sommerlath die Tore zum Stockholmer Stadtpalast. König Carl Gustaf nahm sie sehnsüchtig in die Arme. Und wer kam da bellend und schwanzwedelnd den langen Gang entlanggerannt? Charly, der schwarze Labrador. Er sprang an Silvia hoch und machte vor Freude die unglaublichsten Geräusche. Er quiekte, jaulte und winselte auf einmal. Endlich hatte Charly sein Herrchen und sein Frauchen gleichzeitig um sich. Und das von nun an für immer.

Die erste Frau, die Silvia im Königspalast kennen lernte, war Ingrid »Nenne« Björnberg, Carl Gustafs ehemaliges Kindermädchen. Mittlerweile war sie hauptsächlich für die Blumengestecke in den Gemächern verantwortlich. Für den König aber blieb sie seine geliebte »Nenne« und Mädchen für alles. Neben Silvia vertraute er keiner Frau nach dem Tod seiner Mutter Sibylla so uneingeschränkt wie ihr.

In den nächsten Tagen verlief alles ziemlich hektisch, aber dennoch ganz nach Plan. Die Verwandten von Silvia und die Mitglieder der königlichen Familie waren per Telefon über die unmittelbar bevorstehende Verlobung informiert worden. Aus allen Teilen Europas reisten die Gäste an. Die Sommerlaths trafen sich auf dem Frankfurter Flughafen. Sie waren nur zu siebt: Silvias Eltern Alice und Walther mit dem ältesten Sohn Ralf und Ehefrau Charlotte, dem mittleren Sohn Walther junior und Ehefrau Michelle sowie dem jüngsten und ledigen Sohn Jörg. Sie kamen einen Tag vor der Verlobung in Stockholm an. Auf Schloss Drottningholm wurden den Sommerlaths dann erstmals die engsten Verwandten von König Carl Gustaf vorgestellt:

Onkel Prinz Bertil und seine »Sekretärin« Lilian Craig, Onkel Graf Sigvard Bernadotte und Ehefrau Gräfin Marianne. Und die vier königlichen Schwestern: Prinzessin Margaretha mit Ehemann John Ambler, Prinzessin Désirée mit Ehemann Niclas Freiherr Silfverschiöld, Prinzessin

Der König mit Silvia und seinen künftigen Schwiegereltern bei der Verlobungsfeier

Birgitta mit Ehemann Prinz Johann Georg von Hohenzollern, Prinzessin Christina mit Ehemann Tord Magnusson.

Mit rosafarbenem Champagner stießen die beiden Familien auf eine gute Zukunft an. Nach einer kurzen Rede sagte Carl Gustaf zu seinen künftigen Schwiegereltern: »Ich verspreche euch, dass ich eure Tochter glücklich machen werde. Denn ich liebe sie über alles auf der Welt.«

Mama Alice griff zu ihrem Spitzentaschentuch, und Papa Walther nahm Carl Gustaf zum ersten Mal in den Arm: »Ich habe immer gesagt, dass Silvia den Mann heiraten soll, den sie liebt. Und wenn es der König von Schweden wäre. Und jetzt *ist* es der König von Schweden geworden!«

Einen Moment später wurde Carl Gustaf ernst. Er schaute auf den Boden, atmete tief durch und griff langsam in die rechte Jackentasche. Er holte eine kleine weinrote Schmuckschachtel heraus, machte sie auf, schloss sie wieder, küsste sie flüchtig, bevor er das Schächtelchen Silvia überreichte. Ihr war plötzlich ganz anders zumute. Sie schaute zu ihm hoch und öffnete die Schachtel. Ein Ring mit einem haselnussgroßen Diamanten von zehneinhalb Karat funkelte vor ihren Augen.

Carl Gustaf steckte ihr den Verlobungsring an den Finger und sagte: »Er gehörte meiner Mutter. Sie bekam ihn von meinem Vater zur Verlobung.«

Silvias Augen füllten sich mit Tränen. Leise antwortete sie auf Deutsch und Schwedisch: »Vielen Dank, tack so mycket.«

Mehr brachte sie nicht heraus. Dann lagen sich die

beiden voller Glückseligkeit in den Armen, und ihre Familien klatschten.

Am nächsten Vormittag, es war der 12. März 1976, gab der Königshof eine offizielle Mitteilung heraus:

»Mit allergrößter Freude gibt Seine Majestät Carl XVI. Gustaf, König von Schweden, bekannt, dass er sich mit Fräulein Silvia Renate Sommerlath aus Deutschland verlobt hat. Die Hochzeit findet am 19. Juni 1976 in Stockholm statt.«

Für 11.00 Uhr war die nationale und internationale Presse in den Palast gebeten worden. Schwedische und deutsche Reporter und Fotografen hatten den Vorrang und durften in den ersten Reihen stehen. Auf die Minute pünktlich öffnete sich im königlichen Audienzsaal die dunkelbraune Flügeltür. Labrador Charly stürmte herein und beschnupperte die vielen fremden Menschen wohlwollend. Dann erschienen Hand in Hand König Carl Gustaf und Silvia Sommerlath, die sich glücklich anlachten. Sie trug das schicke weiße Seidenkleid aus der Münchner Boutique, er einen dunkelblauen, maßgeschneiderten Nadelstreifenanzug. Die Journalisten applaudierten! Das war zuvor im Königspalast noch nie geschehen. Aber die Reporter und Fotografen wollten damit zum Ausdruck bringen, dass sie sich über den Sieg einer großen Liebe mit freuten.

»Ja, das ist sie also«, sagte der König. »Das ist die Frau, die ich liebe, die ich heiraten werde und mit der ich den Rest meines Lebens verbringen möchte.«

Offizielles Verlobungsfoto mit Hund Charly

Silvia nickte und sagte dann, für alle überraschend, auf Schwedisch: »Ich bin sehr froh, hier zu sein. Ich möchte mein Leben und meine Liebe meinem zukünftigen Mann und meinen neuen Landsleuten schenken. Ich möchte Gutes tun, wann immer und wo immer ich kann.«

Millionen Schweden, die das live vor dem Fernseher erlebt hatten, waren gerührt. Mit ihrer unendlich aufrichtigen Liebenswürdigkeit und einigen wenigen, aber wohlgewählten Worten auf Schwedisch eroberte Silvia Sommerlath die Herzen eines ganzen Volkes von einer Sekunde auf die andere.

Ich habe in meiner beruflichen Laufbahn mit vielen Menschen auf der Straße, mit Königinnen und Königen, Prinzessinnen und Prinzen, Verwandten, Bekannten, Freunden und ehemaligen Kolleginnen und Kollegen von Silvia gesprochen. Und alle waren sich einig: Es geht ein Zauber von ihr aus, dem sich keiner entziehen kann, der ihr einmal begegnet ist. Auch Menschen, die Silvia noch niemals zuvor gesehen hatten, spürten ihr Charisma vom ersten Augenblick an. Sie braucht nur einen Raum zu betreten, einen Saal, eine Straße oder einen Platz – und jeder fühlt sich von ihrer Aura umarmt und gestreichelt.

Nach der Verlobung verstreuten sich die Verwandten beider Familien wieder in alle Himmelsrichtungen. Walther und Alice Sommerlath blieben aber noch ein paar Tage in Stockholm. König Carl Gustaf hatte seine zukünftigen Schwiegereltern eingeladen, für immer in der Palastwohnung seiner Mutter Erbprinzessin Sibylla zu wohnen. Sie sollten sich dort wie zu Hause fühlen. Und das taten sie auch.

Walther Sommerlath schrieb mir einen Brief auf eierschalenfarbenem Palastpapier. Diskret ist auf den Bögen oben rechts die schwedische Königskrone eingeprägt. Darunter steht eingestanzt: »Kungl. Slottet Stockholm«. Das heißt übersetzt: »Königl. Schloss Stockholm«. Er schrieb:

Lieber Herr Loh!
Hier kann man es aushalten. Meine Frau und ich werden von allen sehr freundlich umsorgt. Es gefällt uns. Die Verlobung unserer Tochter war sehr schön. Gestern hat man uns die Stadt gezeigt. Wir waren sehr beeindruckt. Interessant, wie man alte und moderne Architektur miteinander verbunden hat.
An allen Kiosken sind Plakate mit Verlobungsbildern zu sehen. Das ist schon ein merkwürdiges Gefühl. Ich melde mich, wenn wir wieder in Heidelberg sind.
Ich soll Ihnen auch von meiner Frau Grüße bestellen.
Mit freundlichen Grüßen
Ihr

Sommerlath

Silvia begleitete ihre Eltern nach Deutschland zurück. Sie flogen zuerst nach Frankfurt und fuhren dann weiter nach Heidelberg. Zum ersten Mal wusste Silvia Sommerlath, wie es ist, nie mehr allein zu sein. Als Verlobte des schwedischen Königs hatte sie zwei Leibwächter, die sie rund um die Uhr bewachten. Sie ließen sie nicht einen Moment aus den Augen. In Stockholm hatte Silvia einen Eilkursus für Personen des öffentlichen Lebens mitgemacht. Dort hatte sie gelernt, wie man sich in bestimmten Situationen richtig verhält. Ich habe nie gefragt, wie so ein Kursus abläuft. Ich wusste von Sicherheitsbeamten in Bonn, dass darüber niemals gesprochen werden darf. Das finde ich gut. Denn im Ernstfall geht es um Sekunden, die über Leben und Tod entscheiden, so dass hier absolute Diskretion erforderlich ist.

Silvia fuhr mit dem Zug nach Innsbruck und löste dort ihre kleine Wohnung auf. Sie packte alles ein, was ihr im Laufe der Jahre lieb geworden war, und das war doch eine Menge. Kleine Andenken an München und Innsbruck, Bücher, Schallplatten und Musikkassetten. Natürlich auch ihre Gitarre und das Schifferklavier. Zwei wunderschöne Dirndl packte sie ganz zum Schluss ein. Im Handgepäck blieb ein einziges Buch: Deutsch-Schwedisch. Jeden Tag büffelte sie die neue Sprache und hatte große Freude dabei – kein Wunder bei ihrem ausgeprägten Sprachentalent! König Carl Gustaf sagte damals: »Wenn Silvia schwedisch spricht, könnte ich sie immer nur küssen, sie auf Händen tragen. Sie hat einen so charmanten Akzent! Ach, ich liebe sie!«

Für enge Freunde und nette Kollegen gab Silvia ein Abschiedsfest in Innsbruck. Willi Daume kam, Dr. Emmy Schwabe und Innsbrucks Bürgermeister Dr. Lugger. Er schenkte Silvia eine alte Truhe mit Bauernmalerei, in der sie praktischerweise auch viele kleine Sachen gut verstauen konnte. Immerhin kamen so viele Habseligkeiten zusammen, dass ein ganzer Container gebraucht wurde und sie sich ernsthaft fragte, wo diese vielen Kleinigkeiten in der winzigen Wohnung nur gewesen waren. Der versiegelte Container brauchte zehn Tage von Innsbruck nach Stockholm. Natürlich wurde er an keiner Grenze kontrolliert. Das Hab und Gut der künftigen Königin von Schweden wurde selbstverständlich mit dem Diplomatengepäck verschickt.

»Als anständiges Mädchen«, wie Papa Walther Sommerlath sich immer scherzhaft ausdrückte, wohnte Silvia auch nach ihrer Verlobung noch nicht im königlichen Schloss. Während der dreimonatigen Verlobungszeit war sie zu Gast bei König Carl Gustafs Onkel Prinz Bertil und seiner »Sekretärin« Lilian. Sie besaßen eine wunderschöne Villa im Stockholmer Außenbezirk Djurgarden, was so viel wie *Tiergarten* heißt.

Silvia und Lilian freundeten sich schnell an. Es entstand eine Art Mutter-Tochter-Verhältnis. Oder besser gesagt: Bertil und Lilian waren wie Schwiegereltern für Silvia. Denn Carl Gustaf bezeichnete die beiden voller Liebe als seine Ersatzeltern, und dies wurde von beiden sehr herzlich erwidert. Nicht zuletzt deswegen war alles familiär und harmonisch, als Silvia bei ihnen wohnte. Mit Lilian konnte sie alle Details der Hochzeit in Ruhe diskutieren. Aus dem strengen Protokoll des Hofes und den Wünschen der beiden Damen wurde eine wunderbare Mischung an

Ideen für das große Fest. Nichts war zu viel, nichts war zu wenig. Hatte die eine Seite etwas vergessen, erinnerte die andere Seite sofort daran.

Die Verantwortlichen am Königshof waren begeistert von Silvias Organisationstalent. Ihr kam die Tätigkeit im Organisationsbüro für die Sommerspiele 1972 in München und für die Winterspiele 1976 in Innsbruck jetzt zugute. An alles musste gedacht werden. Nicht zuletzt an die Gästeliste, die Blumenkinder und an die Musik in der Kirche.

Silvia und Lilian legten eine Checkliste an, die sie bis zum Count-down regelmäßig mit den Protokollchefs Seiner Majestät abhakten.

Ganz nebenbei organisierten Silvia und Lilian auch noch den privaten Teil für das Fest zum 30. Geburtstag von König Carl Gustaf, das am 30. April 1976 stattfand. Es gab eine Frau, die dem jungen König an seinem Geburtstag immer als Allererste gratulierte. Und zwar am Telefon beim Frühstück. Es war keine Geringere als Ihre Majestät, Königin Juliana der Niederlande. Sie ist die Patentante von Carl Gustaf und hat außerdem am gleichen Tag Geburtstag. Man tauschte außer gegenseitigen Glückwünschen auch immer die neuesten Familiennachrichten aus. Königin Juliana machte ihren Geburtstag bei ihrer Thronübernahme zum Nationalfeiertag in den Niederlanden. Sie besucht regelmäßig drei verschiedene Provinzen und feiert so gemeinsam mit ihrem Volk.

König Carl Gustaf von Schweden hat es da einfacher. Er nimmt an seinem Geburtstag lediglich eine Parade im Innenhof des Schlosses ab. Das geschah auch an jenem 30. Geburtstag im Jahre 1976. Silvia und Lilian schauten dem militärischen Treiben von einem Fenster des Schlosses aus zu. Abends wurde mit der ganzen Familie privat gefeiert, und zum ersten Mal war Silvia als Verlobte dabei.

Auf die Uhr musste niemand schauen, denn am nächsten Morgen konnte jede der Hoheiten ausschlafen. Der 1. Mai ist nämlich auch in Schweden ein Feiertag.

Silvia liebte die Abende am Kamin mit Carl Gustafs Onkel Bertil und seiner Lilian. Der Prinz konnte so wunderbar erzählen, dass sie ihm stundenlang zuhören mochte. Er verriet ihr auch viel über das Leben im Schloss und sprach über seine Kindheit und seine Familie. Das war alles neu für Silvia, und sie hörte gespannt zu. Bertil hatte auch viel über seinen Vater, den alten Schwedenkönig Gustaf VI. Adolf zu berichten, der ein wunderbarer Mensch gewesen sein musste. Mit viel Liebe, Geduld und Weisheit hatte er seinen Enkel Carl Gustaf auf das Amt des Königs vorbereitet. Silvia bedauerte es sehr, dass sie ihn nie persönlich getroffen hatte. Und aus tiefem Herzen tat es ihr Leid, dass sie Carl Gustafs Mutter Erbprinzessin Sibylla nicht mehr kennen gelernt hatte. Prinz Bertil sprach mit viel Sympathie und Wärme von seiner Schwägerin Sibylla. Sie hatte vier Töchter und einen Sohn allein erziehen müssen. Die vier Prinzessinnen und der kleine Prinz standen immer im Mittelpunkt des öffentlichen Interesses und mussten Vorbilder für alle Kinder in Schweden sein. Die aus dem deutschen Fürstengeschlecht Sachsen-Coburg und Gotha stammende Sibylla hatte sich mit der schwedischen Sprache ihr Leben lang schwer getan. Aber die Liebe zu ihren fünf Kindern schien ihr Flügel verliehen zu haben. Mit eiserner Disziplin dachte sie niemals an sich, sondern immer nur an die königliche Familie und an das Königreich Schweden. Darum gebührten ihr im Nachhinein in vielerlei Hinsicht noch mehr Anerkennung, Achtung und Dank.

Je näher der Tag der Hochzeit rückte, desto mehr wurde in der Presse über Silvias Brautkleid spekuliert. Schwedische und deutsche Modezeitschriften präsentierten die schönsten Modelle und wünschten sich ein Kleid wie aus einem Märchen. Die Braut ließ sich davon aber nicht ablenken oder gar beirren. Silvia hatte eigene Vorstellungen von ihrem Brautkleid. Und sie versuchte erst gar nicht, ihren Vater davon abzubringen, das Hochzeitskleid zu bezahlen.

»Das ist ein Geschenk für meine einzige Tochter, für mein Kätzchen«, hatte Walther Sommerlath freundlich, aber bestimmt gesagt. Heimlich flog Silvia mit ihren Eltern nach Paris. Zum berühmten Modehaus Christian Dior. Der Designer Marc Bohan sollte das Brautkleid aus elfenbeinfarbener Seide entwerfen. Während die Maße genommen wurden und Silvia mit Marc Bohan den Stoff aussuchte, warteten ihre Eltern in einem Salon, der in jedes königliche Schloss gepasst hätte. Elegante Möbel, dicke Teppiche auf dem Parkettboden und mit Seide ausgeschlagene Wände. Die Kristalllüster warfen ein warmes Licht an die reich verzierte Decke. In diesem prächtigen Salon waren schon Kaiserin Soraya von Persien und Fürstin Gracia Patricia von Monaco empfangen worden.

Mama Alice Sommerlath ließ sich einige Abendtaschen zeigen. Und sie verliebte sich in ein entzückendes, perlenbesticktes Modell. »Von Papa bekommst du das Brautkleid«, sagte sie auf Portugiesisch, »von mir dieses Täschchen.«

Silvia küsste ihre Mami auf die Wange. Papi stand lächelnd daneben. Noch zweimal war Silvia zur Anprobe in Paris. Danach kamen Schneider und Repräsentanten von Dior insgesamt fünfmal nach Stockholm, um ihr Werk, wie sie es nannten, zu vollenden.

Zu der Vollendung gehörten noch verschiedene andere Dinge. Die Künstler von Dior erstarrten fast vor Ehrfurcht, als sie den Brautschleier sahen. Er war aus erlesener Brüsseler Spitze, in feinstem Tüll gewoben und schon stolze 152 Jahre alt. Der Schleier gehörte ursprünglich Königin Josefina, der Gemahlin von König Oskar I. von Schweden. Sie war eine geborene Prinzessin von Leuchtenberg und Enkelin der berühmten Kaiserin Joséphine von Frankreich (1763-1814), die den Schleier bei ihrer ersten Hochzeit getragen hatte.

Kurz vor dem großen Ereignis flog Silvia Sommerlath nach Kopenhagen. Königinmutter Ingrid von Dänemark, eine geborene Prinzessin von Schweden, hatte sie zu sich eingeladen. Eine Limousine des dänischen Hofes holte sie ab und brachte sie nach Schloss Amalienborg. Obwohl Silvia etwas aufgeregt war, versank sie in einen perfekten Hofknicks vor der Königinmutter. Ingrid schaute ihr offen in die Augen und streichelte sanft ihre Hand. Dann holte sie

Frisch vermählt – zwei Hofdiener tragen den 152 Jahre alten Brautschleier

aus einer schweren Truhe einen Zweig Myrte und überreichte ihn der überraschten Silvia. Er stammte von einem Busch, den noch Kronprinzessin Margaretha von Schweden, Ingrids Mutter und König Carl Gustafs Großmutter, gepflanzt hatte. Ingrid hatte den Myrtenzweig getrocknet und ein halbes Jahrhundert lang aufgehoben. Silvia war sehr dankbar für dieses Geschenk – es sollte ihr am Tag der Heirat Glück bringen. Sie trug den Myrtenzweig in ihrem Haar unter dem Schleier und unter dem Diadem, das zu den Kronjuwelen gehörte.

Das Diadem schmückten die schönsten Kameen der Welt, Perlen aus der Südsee und Diamanten, in Rotgold gefasst. Es stammte ebenfalls aus Frankreich von Kaiserin Joséphine. Die Kaiserin hatte Kameen geliebt und sie damals als Mode am kaiserlichen Hof eingeführt. Jede Dame der eleganten Pariser Gesellschaft hatte sich bei ihrem Juwelier Schmuck mit Kameen bestellt, um ebenfalls en vogue zu sein. Man erzählte sich damals, dass einige Prinzessinnen in Frankreich sogar ganze Ländereien und Schlösser verkauften, um die Kameen und Diamanten bezahlen zu können.

Nach Schweden kam das Diadem auch über Königin Josefina, die Enkelin Kaiserin Joséphines, nämlich als Teil ihrer Mitgift.

Drei Tage vor der Hochzeit trafen die Verwandten in Stockholm ein. Die Gäste aus Deutschland trafen sich in Frankfurt und flogen gemeinsam mit einer Maschine Richtung Schweden: Alice und Walther Sommerlath mit Söhnen und deren Familien, Cousins und Cousinen von Silvia,

Freunde und ehemalige Arbeitskolleginnen. Aus Brasilien traf Lygia de Toledo Ferreira in Frankfurt ein, eine Schwester von Alice Sommerlath und Silvias Lieblingstante. Auch König Carl Gustafs Schwester Prinzessin Birgitta mit Ehemann Prinz Johann Georg von Hohenzollern und den drei Kindern Prinz Carl Christian, Prinz Hubertus und Prinzessin Désirée waren dabei. Die noble Reisegruppe wurde von König Carl Gustaf und Silvia persönlich vom Stockholmer Flughafen Arlanda abgeholt. Bei der Begrüßung herrschte ein wirres Sprachendurcheinander aus Schwedisch, Deutsch, Portugiesisch und Englisch. In einer großen Wagenkolonne ging es dann direkt ins königliche Schloss.

Die Festlichkeiten begannen bereits einen Tag vor der Hochzeit. Die Gemeinde Stockholm lud den König und seine Verwandten und Freunde sowie 350 weitere Gäste zu einem großen Büffet mit den erlesensten skandinavischen Köstlichkeiten im Garten des Rathauses ein. Man hatte große weiße Zelte aufgebaut, die einen eventuellen Regen abhalten sollten, jetzt aber vor der kräftigen Sommersonne schützten.

Zuvor bekam Silvia Sommerlath feierlich einen schwedischen Pass überreicht. »So kann morgen niemand sagen, ich hätte eine Ausländerin geheiratet«, scherzte König Carl Gustaf. In Wirklichkeit war der neue Ausweis, ein Diplomatenpass, ein Geschenk des Königs an seine Braut.

Auf dem Rückweg ins Schloss nahm Alice Sommerlath die Hand ihrer Tochter und sagte leise: »Morgen wirst du Königin, mein Kind. Ist dir das eigentlich bewusst?«

Silvia streichelte die Wange ihrer Mutter und antwortete: »Ja, Mami. Ja. Aber ich werde vor allem die Frau des Mannes, den ich über alles liebe. Weißt du, manchmal wache ich morgens auf und denke, alles war nur ein schöner Traum.«

Mama Alice nickte, und Papa Walther, der vorn im Wagen neben dem Fahrer saß, wischte sich verstohlen ein paar Tränen aus den Augen.

Am Abend gaben die Regierung und der Reichstag eine imposante Galavorstellung im Stockholmer Opernhaus. Die schwedischen Künstlerinnen Kjerstin Dellert und Elisabeth Söderström führten durchs Programm. Es traten alle bekannten Schauspieler und Sänger des Landes auf. Die Operndiva Birgit Nilsson bekam dabei sogar Standing Ovations. Und als die Popgruppe ABBA ihren Erfolgssong »Dancing Queen« sang, war der Jubel grenzenlos. Alles schaute zu Silvia hinauf, die am kommenden Tag die neue Königin von Schweden sein würde.

Nach der Festvorstellung im Opernhaus gab König Carl Gustaf auf Schloss Drottningholm vor den Toren der Hauptstadt ein fulminantes Gastmahl. Später am Abend eröffnete er dann mit seiner Verlobten den Ball mit einem Kaiserwalzer. Es war ihr letzter Tanz als Fräulein Sommerlath. Kurz vor 24 Uhr verabschiedeten sich die Gäste und Verwandten. Draußen war es noch ziemlich hell, denn es war die berühmte Mittsommernacht in Schweden. Silvia Sommerlath verbrachte die Nacht vor ihrer Hochzeit im nördlichen Flügel des Stockholmer Stadtpalastes.

Am 19. Juni 1976 war es dann endlich so weit. Die Welt blickte zur Märchenhochzeit des Jahres nach Schweden. Silvia blickte erst mal aus dem Fenster. An ihrem Hochzeitstag herrschte schönes Wetter, und die Sonne schien strahlend vom blauen Himmel. Silvia frühstückte mit ihren Eltern und einigen Ehrengästen, die schon ganz früh in Stockholm angekommen waren, unter ihnen auch die Königinmutter Ingrid von Dänemark, die Silvia bei ihrer Ankunft verschwörerisch zugezwinkert hatte.

»Hier bin ich aufgewachsen«, sagte die Königinmutter zu Walther und Alice Sommerlath. »Können Sie sich das vorstellen? Als Kinder hatten wir oft Angst in diesem riesigen Schloss. Besonders im Winter, wenn es hier in Schweden nie so richtig hell wird, fürchteten wir uns. Wir glaubten, dass die Geister unserer Ahnen und Ururahnen hier ihr Unwesen trieben. Keiner konnte uns das so richtig ausreden. Aber was erzähle ich denn heute hier. Ich hatte eine schöne Kindheit mit meinen vier Brüdern. Ja, ich hatte einen Bruder mehr als Silvia.«

Mit der letzten Bemerkung sorgte Königinmutter Ingrid für Heiterkeit. Überhaupt war jeder heiter und gelöst, doch allmählich machte sich eine allgemeine Nervosität breit, die niemand richtig verbergen konnte. Nur einer war die Ruhe selbst: Silvias Onkel Ernst Sommerlath, der Bruder ihres Vaters Walther. Er hatte eine faszinierende Ausstrahlung, war eine große Persönlichkeit und Professor der Theologie in Leipzig. Sogar in Ostdeutschland war er höchst respektiert, trotz der damaligen schwierigen Situation der evangelischen Kirche dort. Er sollte an diesem besonderen Tag gemeinsam mit dem schwedischen Erzbischof Olof Sundby die königliche Trauung zelebrieren. Ernst Sommerlath war schon 86 Jahre alt!

An jenem Samstag, dem 19. Juni 1976, war ein ganzes Land in Hochzeitsstimmung. Stockholm war für das Fest der Feste geschmückt. Überall wehten die blau-gelben Nationalfahnen und Fähnchen. Brücken, Hauptstraßen und sogar Ampeln waren mit bunten Sommerblumen geschmückt. In den meisten Geschäften waren Fotos des Brautpaares im Fenster ausgestellt. Eine ganze Stadt platzte schier vor schönster Aufregung und Vorfreude.

Viele Menschen schliefen nachts sogar vor dem Königspalast und der Kirche, um am nächsten Morgen die besten Plätze zu bekommen, während die Polizei, Rettungsdienste und unzählige freiwillige Helferinnen und Helfer die Menschen mit Kaffee und Keksen versorgten. Mehr als eine Viertelmillion Schweden und Touristen hatten sich allein in der Nähe des Stadtpalastes versammelt.

Im Schloss wurden unterdessen Uniformen gebürstet, Pferde gestriegelt und Orden blank gerieben. Stockholms Friseursalons waren schon seit Monaten ausgebucht, denn jede der eingeladenen Damen wollte besonders schön sein. Vielleicht wurden sie ja auch fotografiert? Wer wusste das schon. Bei mehr als 3000 Fotografen und Berichterstattern aus aller Welt, die vom schwedischen Außenministerium akkreditiert wurden, um über die Märchenhochzeit des Jahres zu berichten, war die Wahrscheinlichkeit recht groß, auf einem Bild zu landen.

Freudige Erwartung lag in der Luft. Trotz der vielen

Menschen gab es kein unangenehmes Gedränge, das die Atmosphäre verdorben hätte. Stattdessen hatten viele junge Schwedinnen bunte Blütenkränze ins Haar geflochten und tanzten vor Vergnügen.

Unterdessen bewältigte das Protokoll des Hofes eine schier unlösbare Aufgabe. Alle Ehrengäste mussten vom Flughafen Arlanda in die Stadt gebracht werden, und dies etwa in dem Fünfminutentakt, in dem die gekrönten Häupter und Staatsgäste aus aller Welt dort landeten. Viele brachten ihre Familien, Bedienstete und eigene Leibwächter mit. Die Autobahn von Arlanda nach Stockholm glich aus der Luft einem Feld mit Ameisen. Überall war Bewegung. Und alles verlief reibungslos nach Plan.

Die Hochzeitsgäste wurden zuerst in den Stadtpalast chauffiert und dort von König Carl Gustaf oder einer seiner vier Schwestern begrüßt. Sie konnten sich kurz frisch machen und umziehen. Im großen Audienzsaal begrüßten sie sich dann gegenseitig herzlich mit Küsschen links und rechts auf die Wange, denn die meisten königlichen Gäste waren miteinander verwandt. Zum Hochzeitszug gehörten:

Königin Margrethe II. von Dänemark mit Prinzgemahl Henrik, König Olav von Norwegen, Kronprinz Harald und Kronprinzessin Sonja von Norwegen, König Baudouin und Königin Fabiola von Belgien, Kronprinzessin Beatrix und Prinz Claus der Niederlande, Großherzog Jean und Großherzogin Josephine-Charlotte von Luxemburg, König Konstantin und Königin Anne-Marie von Griechenland, Bundespräsident Walter Scheel und Ehefrau Mildred.

Silvia blieb in ihren Räumen im nördlichen Flügel des Palastes. Eine ganze Stunde widmete sie sich ihrem Vater Walther Sommerlath, der sehr nervös war. Sie half ihm bei seiner Rede, die er nach dem Hochzeitsessen vor allen gekrönten Häuptern als Brautvater halten musste. Er wollte sich eigentlich nur ein paar Stichworte machen, aber nun fand er das doch zu wenig. Und dazu fragte er ausgerechnet seine Tochter um Rat. Und wen auch sonst? Silvia beruhigte ihn und war ganz sicher, dass er es mit Bravour schaffen würde.

Mama Alice war so aufgeregt, dass sie von der ganzen Rede lieber nichts wissen wollte. Sie hatte schon längst ihr lindgrünes Kostüm mit passendem Sommermantel und riesigem Hut auf – und vertraute einfach ihrem Mann. Sie saß am Fenster und schaute hinaus. So viele Menschen auf einmal hatte sie noch nie gesehen. Und alle kamen zur Hochzeit. Ganz ruhig sagte Silvia zu ihren Eltern: »So, jetzt muss ich mir wohl mein Brautkleid anziehen.«

Walther Sommerlath stand auf, breitete die Arme aus und drückte seine Frau Alice und seine Tochter Silvia inniglich an sich. Keiner sprach ein Wort.

Silvia schloss die Tür im Zimmer des nördlichen Palastflügels leise hinter sich. Da war es. Vor einem großen aufgestellten Kippspiegel hing ihr wunderbares Brautkleid auf einem Bügel direkt vor dem chinesischen Schrank. Silvia war allein und kostete diesen Moment der kurzen Besinnung aus. Keiner der Modezauberer von Dior war da. Keine Verwandte. Keine Freundin. Aber ganz milde lächelnd stand Ingrid »Nenne« Björnberg vor dem Fenster,

Carl Gustafs ehemaliges Kindermädchen. Sie war wie eine gute Fee für Silvia.

»Nenne« half ihr ins Brautkleid und rief dann den Friseur Björn Axén, der Silvias wunderbares Haar mit dem Diadem, dem Myrtezweig und dem Schleier verknüpfte. Die ganze Prozedur dauerte genau 65 Minuten. Dann kamen die Modezauberer, wie »Nenne« die Herren von Dior nannte, und befestigten die neuneinhalb Meter lange Schleppe. Silvia war in diesem Augenblick wohl die schönste Frau der Welt – nicht nur wegen ihrer natürlichen Schönheit, sondern weil jede Frau in so einem Augenblick die schönste Frau der Welt ist.

»Nenne« nickte langsam, aber sicher und guten Mutes. Silvia war genau die richtige Frau für ihren Carl Gustaf, das fühlte sie genau. Schließlich, so sagte sie, hatte sie ihm damals die Windeln gewechselt und kannte ihren Schützling besser als alle anderen. Nicht jeder Frau hätte sie ihn so ohne Weiteres überlassen, aber mit Silvia war die einzig Richtige gekommen. Und so gab »Nenne« ihr den Brautstrauß in die Hand: weiße Cattleya-Orchideen aus Brasilien, Jasmin aus Deutschland und Maiglöckchen aus Schweden. »Nenne« war stolz darauf, dass diese Drei-Länder-Blumen ihre Idee waren.

Mit schnellem Schritt wechselte sie in das gegenüberliegende Zimmer. Dort stand König Carl Gustaf herausgeputzt in Admiralsuniform mit Ordenskette und Säbel. Sie musterte ihn von oben bis unten, obwohl er bereits perfekt aussah. Dann schaute sie ihm stirnrunzelnd über die linke Schulter und über die rechte Schulter. Sie ging

Silvia und Carl Gustaf verlassen die Kirche.
Man beachte den Brautstrauß.

einen Schritt zurück, kam wieder vor und strich über seine beiden Hemdkragen. Der König grinste sie jungenhaft an, und Nenne gab ihm einen überaus zärtlichen Klaps auf die Wange. Alles genehmigt. Vor ihr stand ein perfekter Bräutigam.

Silvia Sommerlath und König Carl Gustaf fuhren in getrennten Autos vor der Stockholmer Domkirche vor, die über und über mit weißen Gladiolen, weißen Nelken und roten Rosen geschmückt war. Der König stieg aus seinem Wagen und wartete am Eingang. Siebzig Sekunden später schritt Silvia die vierundzwanzig Stufen zum Kirchenportal hinauf. Er sah sie zum ersten Mal im Brautkleid, und seine Augen strahlten. Und dann gab er ihr einfach einen Kuss – das war im Protokoll vor der Eheschließung nicht vorgesehen, aber seine spontane Geste brachte jeden Zuschauer zu einem verträumten Schmunzeln! Sogar die Hofbeamten blickten verschmitzt lächelnd zu Boden. Leise spielte die Orgel, während alle gespannt auf das Brautpaar warteten. Walther und Alice Sommerlath saßen mit ihren Angehörigen vor dem Altar gegenüber der königlichen Familie. Wenn ein amtierender europäischer Monarch heiratet, geleitet er seine zukünftige Frau selbst in die Kirche. Das übernimmt nicht der Vater der Braut. Walther Sommerlath war das ganz recht, denn er war immer noch schrecklich nervös. Seine Frau Alice nahm seine Hand und streichelte sie mit ihrem Daumen, als der König von Schweden mit ihrer Tochter auf dem roten Teppich vor dem Altar ankam. Dort wartete der schwedische Erzbischof Olof Sundby im goldfarbenen Gewand. Neben ihm standen Hofprediger Hans Akerhielm und Silvias Onkel Ernst Sommerlath. Er sprach auf Deutsch den Psalm »Der Herr ist mein Hirte«.

Um 12.21 Uhr vollzog der Erzbischof von Schweden die Trauung. Zuerst fragte er den König. Und dieser antwortete ergriffen: »Ja. Ich, Carl Gustaf Folke Hubertus, nehme dich, Silvia Renate Sommerlath, zu meiner Ehefrau.« Dann fragte er die Braut, und sie antwortete: »Ja. Ich, Silvia Renate Sommerlath, nehme dich, Carl Gustaf Folke Hubertus, zu meinem Ehemann.«

In diesem Augenblick wurde aus Silvia Sommerlath Ihre Majestät Königin Silvia von Schweden. Das Brautpaar küsste sich vor dem Altar. Als König und Königin von Schweden verließen sie die Kirche, und im ganzen Land läuteten die Glocken. 101 Salutschüsse wurden donnernd über Stockholm abgefeuert.

In einer offenen Kutsche fuhr das Königspaar durch die Straßen der Hauptstadt. Wer dicht genug dran war, warf Reiskörner auf die Neuvermählten. Die anderen winkten mit Fähnchen und waren glücklich, Zeitzeugen dieser Märchenhochzeit geworden zu sein. Was hatten sie ihren Kindern einmal zu erzählen! Live wurde die Hochzeit in 43 Länder übertragen, und so konnten 700 Millionen Menschen das Ereignis ausführlich an den Bildschirmen verfolgen. Menschen in Amerika und Afrika, Australien und Asien stellten sich die Wecker, um bei der Königshochzeit im fernen Europa dabei zu sein.

Nach der Fahrt im Landauer bestiegen Königin Silvia und König Carl Gustaf die vergoldete Schaluppe *Vasaorden.* Dieses lange, flache Boot wurde von 18 Kadetten der königlichen Seekriegsschule gerudert. Alle Schiffe, die vor Stockholm ankerten, ließen ihre Sirenen ertönen. Nach einer halben Stunde erreichte das Königspaar den Ankerplatz vor dem Stadtpalast. Galant reichte Carl Gustaf seiner Frau Silvia die Hand, um ihr beim Aussteigen zu helfen. Über einen roten Teppich gelangten sie vorbei an Hunderten von jubelnden Menschen ins Schloss. Sie konnten nur wenige Minuten durchatmen und zeigten sich dann auf dem Palastbalkon.

Hurrarufe erschollen, über 50 Chöre hoben zu singen an, und schließlich sangen das ganze Volk und der König und die neue Königin die Nationalhymne. Über eine halbe Stunde winkte das strahlende Brautpaar vom Balkon. Und auf dem Bildschirm im Fernseher und später auf Fotos sah man deutlich: Silvia trug am rechten Handgelenk ein weißes Taschentuch, das mit einem roten Gummiband befestigt war. Das war ein Rat von Mama Alice. Denn wo hätte sie ein Taschentuch verbergen sollen, wenn sie es gebraucht hätte? Das verstand jede Frau, und das machte die königliche Braut Silvia wieder so menschlich.

Europas Monarchen, Fürsten, Prinzen und alle Gäste erhoben sich, als das Brautpaar zur Hochzeitstafel schritt. Die beiden nahmen nebeneinander ihre Plätze ein. König Carl Gustaf hatte seine Tante Königinmutter Ingrid von Dänemark als Tischdame. Neben ihr saß Walther Sommer-

Guter Rat von der Mama: Silvia trägt das Taschentuch für alle Fälle am rechten Handgelenk

lath. Königin Silvia hatte Prinz Bertil als Tischherrn, neben ihm saß Alice Sommerlath.

Das Hochzeitsmenü wurde vom Hofkoch Werner Vögeli und seinen Chefköchen zubereitet. Er stammt aus der Schweiz, ist aber schon seit Anfang der 60er Jahre im Dienste des schwedischen Königshauses. Er hatte also bereits für König Carl Gustafs Großvater König Gustaf VI. Adolf gekocht, der besonders seine Suppen liebte. Er koche, so sagte der alte König oft bei Staatsdiners, die besten Suppen der Welt. Und das war nicht übertrieben. Werner Vögeli gehört eines der besten Restaurants in Stockholm: das »Opernkällaren«. Beim Anblick der Menükarte lief den Gästen das Wasser im Mund zusammen.

HOCHZEITSESSEN

Gekühlte Consommé
mit Kaviar

Lachsbrät im Blätterteigmantel
»Königin Silvia«

Kalte Waldtaubenbrust
auf Gänseleber an Salat

Walderdbeeren mit Vanilleeis
und Schlagsahne

Hochzeitskuchen

*

Pommery Brut
Chateau La Garde 1961
Graham 1960 Vintage

Silvias Mutter Alice Sommerlath war vom dem *Lachsbrät im Blätterteigmantel »Königin Silvia«* so begeistert, dass sie sich nach der Hochzeit das Rezept besorgen ließ. Es ist nicht ganz einfach, aber sie hatte damit viel Erfolg bei ihren Freundinnen. Für alle Hobbyköchinnen und Hobbyköche und solche, die es vielleicht werden möchten, befindet sich das Rezept der schwedischen Hofküche im Anhang.

Nach dem Dessert und vor dem Anschneiden der einen Meter und achtzig Zentimeter hohen Hochzeitstorte wurden Tischreden gehalten. Prinz Bertil von Schweden übernahm als Onkel und »Ersatzvater« von König Carl Gustaf den Part der königlichen Familie. Er sagte, wie überaus glücklich er mit der Wahl seines Neffen sei, und betonte, dass Silvia schon heute für immer einen Platz in seinem Herzen eingenommen habe. Er rief einen Toast auf das Brautpaar aus und bat die Hochzeitsgesellschaft, mit ihm auf den König und die Königin anzustoßen.

Silvia bemerkte, wie ihr Vater immer nervöser wurde

und, für die meisten unbemerkt, mit seiner Serviette spielte. Er war in Kürze mit seiner Rede dran. Schon wieder griff er zum Wasserglas. Jetzt war der Augenblick gekommen, in dem sie ihm ihre kleine Nachricht zuschmuggeln konnte. Sie schrieb etwas auf einen Zettel, faltete ihn und gab ihn unter dem Tisch heimlich ihrem Mann. Lächelnd flüsterte sie: »Bitte weitergeben für Papa.«

Der König lächelte zurück und gab den Zettel seiner Tante Königin Ingrid von Dänemark: »Bitte meinem Schwiegervater geben.«

Die Königinmutter verstand sofort und schob ihrem Tischherrn Walther Sommerlath freundlich nickend die Nachricht zu. Er faltete den Zettel, der nur einmal geknickt war, auseinander und erkannte sofort die Handschrift seiner Tochter. Dort stand: »Allerliebster Papi, nicht aufgeregt sein. Ich bin doch bei dir. Dein Kätzchen«.

Er war ja so erleichtert und schaute nach rechts in Richtung seiner Tochter. Diskret lehnte sich Königinmutter Ingrid von Dänemark zurück und verwickelte Bräutigam König Carl Gustaf in ein kurzes Gespräch, so dass Walther Sommerlath für einen Moment direkt seine Tochter anschauen konnte. Ihre Blicke trafen sich. Sie sah seine Erleichterung durch die »heimliche Botschaft« und lächelte ihn an. Walther Sommerlath hielt eine wunderbare Tischrede, die allen gekrönten Häuptern, Staatspräsidenten und Königlichen Hoheiten imponierte. Wie sein Vorredner Prinz Bertil bat er die Hochzeitsgesellschaft, auf das Wohl des Brautpaares anzustoßen.

Wenige Tage später sagte Walther Sommerlath mir am Telefon, dass er am Ende seiner Tischrede am liebsten noch hinzugefügt hätte, dass er dem lieben Gott für so eine wunderbare Tochter danken wolle. Und er verriet:

»Ich hatte beim Sprechen das Gefühl, dass mich alle anstarrten. Das war ja auch so. Nur: Anstarren konnte man das wohl höflicherweise nicht nennen. Königin Fabiola von Belgien kam später am Abend zu mir und sagte mir, wie schön sie meine Rede fand. Ich entschuldigte mich und sagte, ich hätte am Anfang Schwierigkeiten im Hals gehabt, weil das Eis beim Dessert so kalt war. Königin Fabiola nickte kräftig und sagte, das hätte sie schon oft gehört. Man sollte die Reden vor dem Eisdessert halten. Meinen Sie, Herr Loh, dass sie das wirklich so meinte?«

Ich bekräftigte: »Natürlich. Sonst hätte Königin Fabiola das doch bestimmt nicht gesagt …«

Noch am selben Abend flog das Brautpaar mit unbekanntem Ziel in die Flitterwochen. Reporter und Fotografen verteilten sich an den unterschiedlichsten Orten, weil jeder von irgendwo her einen geheimen Tipp bekommen hatte. »Sie sind nach Rio de Janeiro geflogen«, glaubten viele schwedische Reporter. »Sie zeigt ihm Brasilien.« Deutsche Zeitschriften vermuteten das Brautpaar nicht so weit entfernt. »Sie sind da, wo sie sicher keiner vermutet«, sprach sich herum. »Beim Skilaufen in der Schweiz. Die Quelle ist ganz sicher.«

Keine dieser Vermutungen stimmte. Die Reporter, die nach Brasilien und in die Schweiz flogen, hatten kein

Glück. Das Königspaar verbrachte die Flitterwochen zuerst auf Hawaii und dann in Ostafrika. »Wir sind im siebten Himmel!«, schrieb Königin Silvia ihren Eltern auf einer ovalen Postkarte aus Hawaii nach Heidelberg.

Silvia als junge Königin mit dem Krönungsdiadem –
das erste offizielle Porträt

Silvia als Chefhostess 1972 im Kreise ihrer Kolleginnen.
Rechts: NOK-Präsident Willi Daume

Silvia und Carl Gustaf auf einer Motoryacht im Mittelmeer – der erste gemeinsame Urlaub noch vor der Verlobung

Glückliche Stunden rund um die Verlobung

Das offizielle Hochzeitsfoto
mit Nichten und Neffen als Blumenkindern

Silvias Wohnstätten: Vom gemütlichen Heidelberger Heim zu Schloss Drottningholm

Staatsbesuch 1979 in Deutschland:
Silvia, hochschwanger mit Carl Philip, trifft
Bundeskanzler Helmut Schmidt, Bundespräsident
Walter Scheel und First Lady Mildred Scheel

oben: Carl Philips erste Schritte
unten: Weihnachten 1982

Ein Bild des schwedischen Königspaars hängt in allen schwedischen Botschaften der Welt

*Silvia, wie sie sich am liebsten sieht –
als warmherzige Landesmutter*

Das stolze Paar an Carl Gustafs 50. Geburtstag

oben: Nobelpreisverleihung 2001
unten: Guter Rat von Mama Silvia an Tochter Victoria

Die königliche Familie beim 60. Geburtstag von Königin Margrethe von Dänemark in Kopenhagen

Drei Königskinder bei der Hochzeit von Kronprinz Haakon von Norwegen und Mette-Marit in Oslo

Zwölf Stunden Arbeitspensum
sind für Königin Silvia keine Seltenheit

4

Das Leben im Palast

»Sie werden einen Hofknicks machen und
Majestät zu dir sagen«

Nach den Flitterwochen verbrachten Königin Silvia und König Carl Gustaf ihren ersten gemeinsamen Sommer in Schweden. Im Juli und August, den schönsten Monaten in Skandinavien, waren sie auf der Ostseeinsel Öland, südlich von Stockholm. Dort liegt Schloss Solliden, die romantische Sommerresidenz der königlichen Familie, die Silvia bereits vor ihrer Hochzeit mit Carl Gustaf besucht hatte.

Carl Gustaf sagte einmal über die Insel: »Öland ist wie ein schöner Hochsommertag. Alles duftet, und man fühlt den Wind, während über einem die Lerchen singen.«

Schloss Solliden ließ Königin Viktoria von Schweden einst erbauen. Sie war eine geborene Deutsche, Tochter des Großherzogs von Baden. Die Königin hatte die Insel Öland wegen des gesunden Klimas und der einzigartigen Natur ausgewählt. Der damals in Schweden berühmte Architekt Torben Grut erhielt Anfang 1903 den Auftrag, ein »Schloss für die Sinne« zu errichten. Königin Viktoria hatte äußerst interessiert die Bauarbeiten in allen Einzelheiten mit verfolgt. Sie liebte Italien und hatte den Baustil des weißen Schlosses Solliden bewusst an die italienische Renaissance angelehnt. Das Gebäude ist in drei Teile aufgeteilt. Der erste enthält die Wirtschaftsräume und die Schlafzimmer des Personals. Der zweite hat eine prunkvolle Eingangshalle, Salon, Speisesaal und Gesellschaftsräume. Dort ist auch eine Loggia, die nach Süden hinausgeht und eine atemberaubende Aussicht über den Kalmarsund bietet. Eine Treppe führt zu einer Pergola, die mit antiken Bronzestatuen, schlanken Säulen aus Capri und einem kleinen Seerosenteich geschmückt ist. Im dritten Teil des Schlosses liegen die Schlafgemächer der königlichen Familie und sieben Gästezimmer, die mit allem erdenklichen Luxus ausgestattet sind. Den Park ließ Königin Viktoria ebenfalls anlegen. Er besteht aus einem englischen und einem italienischen Teil. Hier gibt es Laubwald, einen Rosengarten, Obstplantagen und prächtige Gemüsebeete. Überall hat Königin Viktoria Skulpturen, Krüge und Säulen aufstellen lassen. Im Sommer erinnert der Park an die schöne deutsche Insel Mainau im Bodensee. Auch sie hatte einmal Königin Viktoria von Schweden gehört. Ihr Vater, der Großherzog von Baden, hatte sie ihr geschenkt, und die Königin wiederum hatte die Insel Mainau ihrem Sohn Prinz Vilhelm und dessen Sohn, also ihrem Enkel, Graf Lennart Bernadotte vermacht. Der Graf ist heute 93 Jahre alt und hat die Insel Mainau in eine Stiftung verwandelt. Sie wird von seiner bezaubernden Frau Gräfin Sonja Bernadotte und ihren fünf Kindern verwaltet. Ihre älteste Tochter Comtesse Bettina ist als Gräfin Sonjas persönliche

Assistentin in der Führungsspitze für die Stiftung und das Familienerbe tätig.

Aber zurück zu Schloss Solliden auf Öland. Es war stets von einem schwedischen Monarchen an den folgenden vererbt worden, allerdings waren die Zeichen der Zeit nicht spurlos an ihm vorbeigegangen. So wurde Solliden in den 40er Jahren modernisiert. Die Einrichtung ist jedoch seit Königin Viktorias Zeit erhalten geblieben. König Carl Gustaf legt viel Wert darauf, dass Solliden seinen Reiz aus vergangenen Tagen behält. Die einzige wirklich eingreifende Veränderung ist das so genannte »schwedische Zimmer«, ein Hochzeitsgeschenk an Silvia und Carl Gustaf vom schwedischen Möbelindustrie-Verband, das sich durch modernstes skandinavisches Design auszeichnet.

Zum Sommerschloss Solliden gehört ein privater, felsiger Küstenabschnitt, den Carl Gustaf mit Sand auffüllen ließ, um ihn auch als Badestrand benutzen zu können.

Damals, im Juli 1976, verbrachte Silvia aber die meiste Zeit im Park des Schlosses. Im Schatten kühler Bäume studierte sie die Geschichte der schwedischen Herrscher, der Vorfahren ihres Mannes. Sie stieß auf historische Details, die ihre eigene Meinung bestätigten: Es handelte sich bei der Familie ihres Mannes um eine hochinteressante Dynastie mit einer äußerst spannenden Familienchronik:

Es begann mit dem Bericht über die Ansgarlegende und über das Königreich Svea, der ältesten historisch gesicherten Erwähnung der Monarchie in Schweden. Die Legende stammt aus dem 9. Jahrhundert n. Chr. und schildert die Reisen des christlichen Missionars Ansgar zum Handelszentrum des Svea-Reichs Birka. Erst seit etwa 980 Jahren aber sind die Namen der Könige zuverlässig bekannt. In den über tausend Jahren, für die eine schwedische Regentenreihe aufgezeichnet ist, gab es über fünfzig Könige.

Während des frühen Mittelalters war die Macht des Königs begrenzt und bestand hauptsächlich in den Obliegenheiten eines Heerführers. Die wirkliche Macht lag lange Zeit bei den höchsten Gesetzessprechern der verschiedenen Provinzen, die noch während des 13. Jahrhunderts in hohem Maße selbständig waren. Mit Hilfe der Kirche wurde jedoch die Macht stärker zentralisiert, als während des ausgehenden 13. Jahrhunderts die Einführung landesweit geltender Gesetze begann. Diese so genannten Landesgesetze, implementiert von Magnus Eriksson, ersetzten seit 1350 sukzessive die Gesetze der Provinzen. Magnus Erikssons Landesgesetz kann man daher zu Recht als Schwedens erste Verfassung bezeichnen. Sie enthielt Vorschriften darüber, wie der König zu wählen war und welche Befugnisse er und sein Hoher Rat hatten.

Schweden war während des gesamten Mittelalters ausschließlich eine Wahlmonarchie. Die herrschende Schicht, die während des 14. und 15. Jahrhunderts eine förmliche Ratsaristokratie bildete, erhielt durch ihren Einfluss bei der Wahl der Könige eine große politische Macht. Und Schweden war zu der Zeit auf dem besten Weg, ein Feudalstaat zu werden. Aber bevor diese Entwicklung so weit fortgeschritten war wie im übrigen Europa, wurde sie durch das Bestreben der Könige unterbrochen, mit Hilfe der Bürger und Bauern die zentrale Macht zu verstärken. Das führte während des 15. Jahrhunderts zum Entstehen eines aus vier Ständen bestehenden Reichstags: Adel, Geistlichkeit, Bürger und Bauern. Die enge Verbindung der unterschiedlichen Stände untereinander war das Fundament der offenen monarchischen Demokratie, wie man sie auch heute noch in Schweden findet.

Während der Regierungszeit von Gustav Wasa, 1521 bis 1560, gewann der König endgültig die Oberhand, was 1544 in der Einführung der Erbmonarchie zum Ausdruck kam. Gleichzeitig war das Zeitalter der Reformation eingeläutet, und diese machte den König zum Oberhaupt der schwedischen Kirche.

Die Entwicklung während des 16. und 17. Jahrhunderts war in Schweden, wie im übrigen Europa, durch das Entstehen einer Verwaltung gekennzeichnet, die zunehmend effektiver und zentraler wurde. Auch außenpolitisch veränderte sich die Stellung Schwedens gründlich. Während der Regierungszeit König Gustaf II. Adolfs, 1611–1632, konnte Schweden bedeutende militärische Erfolge im Dreißigjährigen Krieg verzeichnen und dadurch seine Großmachtstellung in Nordeuropa ausbauen und behaupten.

Auch wenn die aristokratischen Räte zeitweise großen Einfluss hatten – wie etwa zur Zeit der Minderjährigkeit von Königin Christine und König Karl XI. (1632–1654) –, führte die Entwicklung der Monarchie immer mehr zum

Absolutismus hin und gipfelte 1680 in der Auffassung, dass der König Alleinherrscher des Reiches von Gottes Gnaden war.

Zwar versuchten die Räte 1634 mit einer Regierungsreform, die ihnen noch verbliebenen Rechte zu wahren, doch keiner der folgenden Regenten betrachtete sich als hieran gebunden. Im Gegenteil: Der Reichsrat wurde 1680 durch einen dem König in allen Belangen unterstellten Rat ersetzt.

Doch das Pendel schwang zurück: Die Niederlage Schwedens im Großen Nordischen Krieg von 1700–1721 und der Tod König Karls XII. im Jahre 1718 zogen eine heftige Reaktion gegen die königliche Alleinherrschaft nach sich, die sich unter König Karl XI. und König Karl XII. zu einer förmlichen Diktatur entwickelt hatte.

Die Forderung des Volkes nach einer neuen Regierungsform wurde 1720 mit deutlich mehr Zugeständnissen an die geforderte parlamentarische Staatsform erfüllt. Während dieser so genannten »Freiheitszeit« von 1720–1772 wurde die Macht des Königs auf nur zwei Stimmen im Rat reduziert. Der Rat war seinerseits dem Reichstag gegenüber verantwortlich. Das oberste Mitglied dieses Rates, der Kanzleipräsident, hatte damit die eigentliche Regierungsgewalt und vertrat die Rechte der unteren Stände.

Da die Gegensätze im Reichstag sich nach und nach zu einem Streit zwischen Adel und Nicht-Adligen zuspitzten, konnte König Gustav III. mit Hilfe eines großen Teils der Adeligen die Macht durch einen Staatsstreich im Jahre 1772 wieder an sich bringen und die Freiheitszeit beenden.

Während der Gustavischen Zeit von 1772–1809 wurde die königliche Macht wieder konsequent gestärkt. Die begreifliche Abneigung König Gustavs III. und König Gustav IV. Adolfs gegen die Französische Revolution und ihre Ideen von Demokratie brachte große Teile des Adels und der Beamtenschaft gegen die Monarchen auf. Nur zwanzig Jahre nachdem der König zusammen mit seinen adligen Verbündeten den Herrschaftseinfluss erfolgreich zurückerobert hatte, wurde ihm seine antidemokratische Haltung zum Verhängnis. Das führte 1792 zum Mord an König Gustav III. durch eine Gruppe von Adligen, die sich fanatisch der königlichen Alleinherrschaft entgegenstellt hatte.

Anfang des 19. Jahrhunderts war die Monarchie erneut in Gefahr, als die schwedische Niederlage im Krieg gegen Russland zu einem Staatsstreich führte. Dessen Resultat war die Absetzung König Gustav IV. Adolfs und die Einführung einer neuen Regierungsform.

Diese neue Regierungsform galt von 1809 bis in das Jahr 1974. Sie war damit nach der amerikanischen Konstitution die zweitälteste der Welt. Nach Montesquieus Lehre der Gewaltenteilung und unter Rücksichtnahme auf die Entwicklung der schwedischen Monarchie wurde beschlossen, dass der König allein das Reich regieren sollte. Allerdings befand sich an seiner Seite ein Staatsrat, der alle Beschlüsse gegenzuzeichnen und damit anzuerkennen hatte. Die gesetzgebende Macht wurde zwar gleichmäßig zwischen König und Reichstag verteilt, der Reichstag allein aber konnte die Steuern auferlegen.

Nach dem Staatsstreich von 1809 und der Absetzung von König Gustav IV. Adolf wurde dessen Onkel, Herzog Karl, unter dem Namen Karl XIII. zum König gewählt. Da der Monarch jedoch alt und kinderlos war, musste man sich zugleich nach einem Thronfolger umsehen. Zuerst wurde der dänische Prinz Karl August von Augustenborg zum Thronfolger gewählt. Dieser starb aber kurz nach seiner Ankunft in Schweden.

Darum fiel die Wahl im Sommer 1810 auf den französischen Marschall Jean Baptiste Bernadotte. Er wurde schwedischer Thronfolger und nahm als solcher den Namen Karl Johan an. Mit ihm begann die langjährige Bernadotte-Dynastie in Schweden. Der heutige König Carl XVI. Gustaf stammt in direkter Linie von ihm ab.

An dieser Stelle in der weitläufigen Historie Schwedens angekommen, wurde es nun spannend für Königin Silvia im Park von Schloss Solliden, damals im Jahre 1976. Denn von diesem ersten Bernadotte-König würden natürlich auch ihre eigenen Kinder in direkter Linie abstammen. Wie würde sich das wohl auf ihre zu gründende Familie auswirken? Weiter in der Familienchronik derer von Bernadotte:

Man hatte den französischen Marschall im Jahre 1810 deshalb zum Thronfolger gewählt, weil man den Wunsch nach einer Annäherung an das Frankreich Napoleons hegte. Man erhoffte sich, mit Napoleons Hilfe Finnland für das

Staatsgebiet zurückzugewinnen. Doch im Jahre 1812, noch als Kronprinz, schloss sich Bernadotte der Koalition *gegen* Napoleon an, weil er der Politik des Kaisers skeptisch gegenüberstand.

Jean Baptiste beziehungsweise Karl Johan war durch die hohen Erwartungen, die in ihn gesetzt wurden, als Thronfolger bereits der eigentliche Regent des Landes. Er selbst hatte der Französischen Revolution seine Karriere zu verdanken, durch die er zum Marschall ernannt wurde. Ohne seine Kriegserfolge hätte er – selbst kein Adliger – niemals mehr als ein Unteroffizier werden können.

Trotz dieser Herkunft und Karriere fiel es Karl Johan jedoch von Anfang an schwer, sich mit der Begrenzung seiner Macht durch die schwedische Regierungsform abzufinden. Schon während seiner Zeit als Kronprinz knirschte es in der Zusammenarbeit zwischen ihm und den selbständigen Mitgliedern des Staatsrates. Dennoch verstand er es, durch politische Erfolge seinen Status zu sichern.

Beispielsweise erreichte er in einem kurzen Feldzug gegen Norwegen 1814, dass dieses Land eine Union mit Schweden einging, die erst 1905 aufgelöst wurde. Auch innenpolitisch leitete die Ankunft Karl Johans eine neue Epoche in Schweden ein. In seiner Regierungszeit als erster Bernadotte-König Karl XIV. Johan von 1818–1844 waren die Geschicke Schwedens in hohem Maße von seiner persönlichen Auffassung geprägt. So wählte er seine Staatsräte immer konsequenter nur unter den loyalen Beamten, die ohne Einwände seine Anweisungen durchführten. Im Laufe der Zeit wurde seine Alleinherrschaft immer deutlicher, und der ehemalige Revolutionsmarschall verwandelte sich zu einer Art Souverän alten Stils.

Der Kampf um die Grenzen der königlichen Macht wurde endgültig zum Hauptthema in der Geschichte der schwedischen Monarchie von dem Tage an, als Kronprinz Karl 1857 die Regierungsgeschäfte übernahm – bis König Gustaf V. im Jahre 1918 vor der Forderung nach Parlamentarismus und Demokratie kapitulierte.

Bereits im Jahre 1866 formten sowohl der Staatsrat wie auch der Reichstag, nicht der König, die schwedische Politik und hatten in kritischen Lagen die Entscheidung in der Hand. Vor allem die Einführung eines Zweikammerreichstags hatte einen Machtverlust des Königs bewirkt – aber auch neue Machtkämpfe hervorgerufen. Die Erste Kammer vertrat die Interessen der Gutsbesitzer, höheren Beamten und reichen Kaufleute aus den Städten, während die auf eigener Scholle sitzenden Bauern die Mehrheit der Zweiten Kammer hatten. Die Forderung der Ersten Kammer nach einer Aufrüstung der Landesverteidigung und einem Ausbau der Staatsverwaltung ließ sich nicht vereinen mit der strengen Sparsamkeit der Zweiten Kammer und ihrer ausgabenfeindlichen Politik. Das politische Leben erstarrte in einem Stellungskrieg zwischen den beiden Lagern des Reichstags.

König Oscar II. versuchte noch während seiner Regierungszeit 1872–1907, das Recht des Königs zu verteidigen, seine Meinung durchzusetzen. Die Initiativen des Königs scheiterten jedoch am Widerstand der Zweiten Kammer.

Erst während der neunziger Jahre gelang es, demokratische Lösungen für die Fragen der Grundsteuer und der Verteidigung zu finden, aber der Mann, der hinter dieser Politik stand, war nicht länger der König, sondern sein Ministerpräsident. Die Macht war den Händen der Monarchen entglitten. Und so hatte König Oscar II. im Kampf um die persönliche Königsmacht resigniert.

Sein Nachfolger Gustaf V. wurde im Jahre 1907 König und hatte bewusst darauf verzichtet, sich krönen zu lassen. Er war damit der erste ungekrönte König auf dem schwedischen Thron. Jedoch war diese Geste kaum das Zeichen einer demokratischen Einstellung. Eher war sie eine Gegenreaktion auf die Begeisterung König Oscars II. für Zeremonien aller Art und das Unbehagen, an solchen Schauspielen, wie Gustaf V. es nannte, teilzunehmen.

Für die Stellung des Königs dagegen war er bereit zu kämpfen, und ein – wenig gelungenes – Beispiel dafür war die so genannte Burghof-Rede aus dem Jahre 1914. Der König wollte gegen den Willen der liberalen Regierung die Streitkräfte verstärken und ließ zu seiner Unterstützung den »Bauernmarsch« organisieren. Über 30 000 Bauern aus allen Teilen des Reiches versammelten sich im Hof des königlichen Palastes von Stockholm und sollten nach der Rede des Königs ihre Übereinstimmung mit seinen Zielen kundtun. Damit war die Burghof-Rede ein Versuch, mit außerparlamentarischen Mitteln den persönlichen Willen des Königs in der Verteidigungsfrage durchzusetzen. Ohne Rücksicht auf die gesetzmäßige Regierung des Landes. Damit hatte König Gustaf V. seine Befugnisse überschritten, und der Kampf um die Königsmacht war wieder einmal dazu verurteilt, in einer Niederlage zu enden. Die Zukunft gehörte der Demokratie und dem Parlamentarismus. Es folgte eine heftige Krise, die zu Regierungswechsel, Reichstagsauflösung und Neuwahl führte.

Gerechterweise muss man bedenken, dass die schwedische Regierungsform damals vor dem Ersten Weltkrieg noch anders ausgelegt war. Die Formulierung: »Der König allein hat das Recht, das Land zu lenken«, war 1914 noch weit davon entfernt, nur eine Floskel zu sein. Und dennoch hätte König Gustaf V. in einer noch größeren Niederlage enden können. Die Forderung nach seiner Abdankung lag nach der denkwürdigen Burghof-Rede in der Luft. Gerettet wurde er ausschließlich durch die Sachfrage, auf der er seine Aktion aufgebaut hatte: die Streitkräfte. Was die Lage in Europa betraf, hatte er nämlich klarer gesehen als die meisten führenden Politiker. Im Juni 1914 fielen die Schüsse in Sarajewo. Und am 1. August brach der Krieg aus. In Schweden war man sich plötzlich über die Wichtigkeit der Verteidigungsfrage einig. Die persönliche Macht des Königs hatte jedoch auf lange Sicht ihre Rolle ausgespielt.

Trotz der Niederlage im Kampf um die politische Macht des Monarchen gewann König Gustaf V. während seiner langen Regierungszeit von 1907–1950 die Zuneigung des Volkes. Während des Zweiten Weltkriegs wurde er sogar zu einem Symbol der Einigung. Das Königtum hatte damit eine neue Verankerung erhalten: in der Popularität des Königs selbst und seiner Gemahlin Königin Viktoria, die bei der Bevölkerung über alle Maßen beliebt war.

In ihrem Park auf Schloss Solliden saß die junge Königin Silvia im Sommer des Jahres 1976 und las staunend immer weiter. Je mehr sie über die jüngere Vergangenheit und letztlich auch über die Gegenwart erfuhr, desto stolzer war sie darauf, an König Carl Gustafs Seite seit einem knappen Monat Königin von Schweden zu sein. Fasziniert fuhr sie mit der Lektüre fort:

Nach dem Tod von König Gustaf V. kam sein ältester Sohn als König Gustaf VI. Adolf auf den Thron. Er war der Großvater des heutigen Königs Carl Gustaf und ein bedachter Monarch, der in seiner Regierungszeit von 1950 bis 1973 strikt die Regeln befolgte, die für die konstitutionelle Monarchie herangereift waren. Durch seine persönlichen Integrität vervollständigte er die Entwicklung und trug vermutlich mehr als irgendein anderes europäisches Adelsoberhaupt dazu bei, einen neuen Typus der Monarchie zu schaffen – nämlich den demokratischen.

Während der gesamten Regierungszeit Gustaf VI. Adolfs und über diese hinaus wurde an einer Erneuerung des Grundgesetzes gearbeitet, das schließlich 1975 die Verfassung von 1809 ersetzte. Niemand hat in dieser Zeit mehr für die Erhaltung der Monarchie in Schweden getan als Gustaf VI. Adolf. Denn trotz anfänglich starker Forderungen nach einer Republik war es ihm gelungen, die öffentliche Meinung praktisch einmütig für die Bewahrung der Monarchie zu gewinnen. Wie war ihm dies nach den turbulenten Jahrzehnten des Machtkampfes gelungen?

Der wichtigste Faktor war seine große Bescheidenheit, mit der er sich stets als erster Diener seines Landes bezeichnete. Hinzu kamen seine große Lebenserfahrung und sein imponierendes Wissen auf Gebieten auch außerhalb der monarchischen Pflichten. König Gustaf VI. Adolf besaß als Archäologe einen geachteten Namen auf der ganzen Welt. Ein weiterer Faktor, der zu seiner Popularität beitrug, war sein natürliches Auftreten. Für seine eigene Person vermied er bewusst Zeremonien und Prachtentfaltung. Aber er war stolz und sagte das auch in der Öffentlichkeit, wenn sein Enkel und Nachfolger Kronprinz Carl Gustaf gute Schulnoten nach Hause brachte. Er war ein König zum Anfassen, ein König für alle.

Historiker sind sich heute sicher: König Gustaf VI. Adolfs große Bedeutung in der Geschichte Schwedens bestand darin, dass es ihm gelang, das Königtum im Takt und im Stil der schwedischen Gesellschaft von heute umzugestalten. Er schaffte die Voraussetzung dafür, dass Schweden eine Monarchie blieb, und dies mit dem Hause Bernadotte auf dem Thron.

In der Verfassung von 1809 wurde die wichtigste Bestimmung über die Aufgaben des Königs folgendermaßen eingeleitet: »Der König allein hat das Recht, das Reich zu lenken.«

In der Präambel des schwedischen Grundgesetzes von

1975 heißt es nun: »Alle Staatsgewalt geht vom Volke aus«, und damit wurde die politische Macht per Gesetz auf den Reichstag und die Regierung verlegt.

Die Aufgaben, die dem heutigen König Carl XVI. Gustaf und seinen Nachfolgern auf Schwedens Thron obliegen, sind laut diesem Grundgesetz folgende:

- Der König ist das Staatsoberhaupt des Reiches.
- Er eröffnet jährlich im Oktober den Reichstag.
- Er leitet die Staatsratssitzung, die bei Regierungswechsel stattfindet, wie auch die regelmäßigen Informationssitzungen des Staatsrats, bei denen er durch die Mitglieder der Regierung über aktuelle Fragen unterrichtet wird.
- Er ist Vorsitzender des Beirats für Auswärtige Angelegenheiten.
- Der König hat den höchsten militärischen Rang des Landes inne. Die Streitkräfte unterstehen hingegen ausschließlich der Regierung.
- Als der erste Vertreter des Reiches akkreditiert der König Botschafter und Gesandte fremder Staaten und verfügt über die Akkreditive der schwedischen Diplomaten.

Gemäß der neuen Regierungsform sind also die Aufgaben des Königs hauptsächlich repräsentativer und zeremonieller Art. Im Auftrag der Regierung empfängt der König andere Staatsoberhäupter und stattet offizielle Staatsbesuche im Ausland ab. Bei diesen Besuchen wird der König stets von einem oder mehreren Mitgliedern der Regierung begleitet, die mit den Regierungsvertretern des anderen Landes Gespräche über politische, wirtschaftliche oder kulturelle Fragen führen.

Der König genießt Immunität. Das heißt, er kann wegen keiner von ihm begangenen Handlung angeklagt werden. Zivilrechtliche Ansprüche können jedoch vor einem Gericht an den König gestellt werden. Der König muss seine Steuererklärung abgeben und für seine privaten Einkünfte und sein Vermögen Steuern zahlen wie jeder andere schwedische Mitbürger. Mittel für den König und seine Tätigkeit werden jährlich vom Reichstag bereitgestellt. Die Mitglieder des Königshauses haben Wahlrecht, üben es aber traditionsgemäß nicht aus.

Das alles war die Kurzform dessen, was Königin Silvia nach den Flitterwochen lesen, verarbeiten und wissen musste. Und möglichst schnell auswendig lernen sollte, obwohl sie natürlich nie jemand danach gefragt hätte. Silvia hatte nicht nur den Mann geheiratet, den sie liebte, sondern mit ihm auch ein ganzes Land. Und dazu einen ziemlich großen Hofstaat.

Anfangs hatte ihr eine Freundin gesagt: »Du bist jetzt Königin von Schweden. Sie werden einen Hofknicks machen und Majestät zu dir sagen!«

Nun, dass Königin Silvia seit dem Tag ihrer Hochzeit mit »Majestät« angesprochen wird, ist richtig. Aber die Sache mit dem Hofknicks gestaltet sich ganz individuell. Jedes Mädchen und jede Dame kann selbst entscheiden, ob sie vor Königin Silvia einen Hofknicks machen möchte

Silvia als junge Königin mit ihren Eltern Alice und Walther Sommerlath

oder nicht. Im Palast selbst und vor allem bei seinen Mitarbeitern hatte König Carl Gustaf den obligatorischen Hofknicks bei seinem Amtsantritt nämlich abgeschafft.

Nach der schönen Sommerzeit auf der Insel Öland begann für den König und die Königin nun der Alltag in Stockholm. Besser gesagt im Stockholmer Stadtpalast.

»Ich möchte helfen«, hatte Königin Silvia auf die Frage geantwortet, wie sie ihre neue Aufgabe betrachtete. Das war eine bescheidene, aber kluge Antwort.

Weder Silvia noch sonst ein Mensch kann genau beschreiben, worin der Beruf einer Königin besteht. Es ist schlicht ausgedrückt eine Arbeit, die davon abhängt, was man daraus macht. Nun fügte es sich so, dass die neue Königin nicht nur eine tadellose Erziehung genossen hatte, sondern auch langjährige Erfahrung im Repräsentieren, Organisieren und Zusammentreffen mit Menschen jeglichen Schlages hatte. Dazu kamen Eigenschaften wie Selbstdisziplin, Stärke, Intelligenz und eine gehörige Portion Humor.

Im Gegensatz zu ihrem Mann König Carl Gustaf, der sein Leben lang auf seine Aufgabe vorbereitet wurde, musste Silvia sich erst ein wenig einarbeiten und sich die erforderlichen Kenntnisse erwerben. Schweden ist zwar eine moderne Monarchie, doch niemand kann behaupten, dass ein Königspaar wie ein gewöhnliches Ehepaar lebt. Es ist umgeben von Adjutanten, Bediensteten, Sicherheitsbeamten, Hofdamen und anderem Personal. An all das musste sich Silvia erst gewöhnen. Es ist auch nicht leicht, eine neue

Sprache zu lernen, sich mit Geschichte, Kultur und Politik eines fremden Landes vertraut zu machen. Doch von Anfang an wurde Königin Silvia mit Wärme aufgenommen. Wo sie sich zeigte, wurde sie von vielen, vielen Menschen mit Beifall begrüßt und mit Blumen überschüttet.

Sosehr sie sich über die spontane Herzlichkeit freute – ganz problemlos war das für die Hofbeamten nicht. Polizei, Leibwächter und Sicherheitsorgane bekamen zusätzliche Arbeit in nicht unerheblichem Maße. Man muss sich nur vorstellen, dass es sage und schreibe jedes Mal einen Volksauflauf gab, wenn die Königin in der Öffentlichkeit auftrat. Silvia wurde in kürzester Zeit die beliebteste Persönlichkeit im Lande.

Anlässlich ihrer Heirat war der »Hochzeitsfonds des Königspaares« gegründet worden, in den die Menschen statt vieler Geschenke lieber Geld spenden sollten.

Silvia sagte: »Der König und ich haben lange besprochen, wie wir das Geld anwenden sollten, das wir zur Hochzeit geschenkt bekommen hatten. Es sollte etwas sein, das uns beiden am Herzen liegt. Und so entschieden wir uns für die Unterstützung der Sportforschung für behinderte Kinder.«

Dadurch erntete das Königspaar viel Lob und Anerkennung. Tausende Briefe gingen im Stockholmer Stadtpalast ein, und jeder wurde höflich beantwortet.

Der Stockholmer Stadtpalast ist übrigens ein sehr imposantes Gebäude. Es wurde einst als Monument einer Großmacht gebaut und ist heute mit 650 Zimmern das größte bewohnte Schloss der Welt. Auf die Frage, ob so viele Räume nötig seien, antwortete König Carl Gustaf: »Das Schloss ist sowohl ein lebendiges Museum als auch ein Arbeitsplatz für meine Frau und mich und unsere Mitarbeiter. Die Zimmer werden auf vernünftige Weise genutzt, und alle Räumlichkeiten sind notwendig.«

Das Schloss im Herzen der schwedischen Hauptstadt ist mehr als nur ein Paradebau mit Bankettsälen, denn es sind dort auch Büros, Werkstätten und Wohnungen untergebracht. An einem gewöhnlichen Arbeitstag herrscht reges Treiben, was kein Wunder ist, wenn man bedenkt, dass insgesamt 130 Personen für den König und die Königin arbeiten. Das Hofpersonal hat eine eigene Gewerkschaft und schließt – von einigen Ausnahmen abgesehen – mit dem König Tarifabkommen ab, die sich am öffentlichen Arbeitsmarkt orientieren.

Es gibt zwar keinen Betriebsausflug, aber dafür ein gemeinsames Weihnachtsfest. Jedes Jahr versammeln sich das Königspaar und alle Mitarbeiter in der prunkvollen *Karl XI.-Galerie*. Bei einem gemütlichen Essen wird das Arbeitsjahr abgeschlossen, und alle freuen sich auf den Weihnachtsurlaub. Die Sitzordnung ist natürlich bei so hochkarätigen Arbeitgebern von wichtiger Bedeutung für alle Mitarbeiter. Per Los wird daher entschieden, wer an diesem besonderen Abend neben dem König und der Königin sitzen darf. Es herrscht ein höflicher Ton im ganzen Schloss, und das Arbeitsklima wird als fantastisch bezeichnet. Noch nie hat ein Angestellter etwas ausgeplaudert oder gar ein Enthüllungsbuch geschrieben, wie das in

England beim Personal von Königin Elizabeth in den vergangenen Jahren immer wieder geschah.

Zwölf gestandene Männer zählen zu den wichtigsten Mitarbeitern der königlichen Hoheiten. Es handelt sich dabei um die Adjutanten Seiner Majestät des Königs, die in der Öffentlichkeit immer einen Schritt hinter ihm und der Königin hergehen. Die zwölf Adjutanten wechseln sich jeden Monat ab. Einer von ihnen ist Oberst Björn Svensson. Er sagt: »Wir sind alle zwölf Berufsoffiziere. Wir können schnell handeln und uns verschiedenen Situationen anpassen. Einfach ausgedrückt, ist der Adjutant derjenige, der alles für das Königspaar deichselt.«

Die Adjutanten werden vom Staatschef des Königs ausgewählt, Admiral Bror Stefenson. Er sagt, die vornehmsten Eigenschaften eines Adjutanten sind Gewandtheit und Schneid. Die endgültige Auswahl aber trifft der König selbst. Der jeweilige Adjutant steht dem Königspaar rund um die Uhr zur Verfügung und hat seinen Schreibtisch vor der Tür zum Arbeitszimmer von Carl Gustaf im Herzen des Stockholmer Schlosses. Auch seine Wohnung grenzt unmittelbar an die Gemächer der königlichen Familie. Ein Adjutant, so heißt es, sollte völlig unabhängig sein und für die Dauer seines Dienstes sein Privatleben überwiegend vergessen. Aber das wissen die Herren vorher und stellen sich darauf ein.

Sportlich müssen die Adjutanten übrigens auch sein. Der König joggt zum Beispiel zwei- oder dreimal in der Woche auf der Insel Lovön, die hinter dem Schloss Drottningholm liegt. Der Adjutant muß da natürlich mitjoggen und eine entsprechende Kondition haben, um seine Aufgabe pflichtgerecht zu erfüllen.

Die wichtigste Angestellte im Schloss ist Staatsfrau Gräfin Alice Trolle-Wachtmeister. Staatsfrau ist ein Titel, den nur wenige deutsche Leser und Leserinnen kennen, weil es ihn nur in der schwedischen Monarchie gibt. Es ist durchaus nicht verkehrt, wenn behauptet wird, Alice Trolle-Wachtmeister sei eine Frau mit Macht. Sie hat ihr Büro im Vorzimmer von Königin Silvia. Die Arbeit der Gräfin ist unentbehrlich für Silvia, denn sie ist es, die nach dem Protokoll das Programm des Tages zusammenstellt und die Königin über alles, was geschieht, informiert. Die Staatsfrau hält sich immer in der Nähe der Königin auf und steht mit Rat und Tat zu Seite, sowohl auf Reisen als auch bei Galadinners.

»Ich bin von der Kammerjungfer und Sekretärin bis zur Hofdame und Ratgeberin alles in einem«, sagt sie bescheiden lächelnd. Gräfin Trolle-Wachtmeister war Chefin der schwedischen Reichswehrmachtshelferinnen, als sie 1978 für den Königshof angeworben wurde. Hofdamen kommen und gehen. Die Gräfin aber bleibt, denn sie hat die Fäden aller wichtigen Abläufe in der Hand.

Wenn der König zu einem Fest geladen hat, soll Birkenholz im Kamin des Saales *Vita Havet* (Weißes Meer) brennen. Seit zwei Jahren wird nur noch Birkenholz für den Kamin verwendet, denn Tannenholz hatte zu viele Funken

Beim Festlegen des Wochenprotokolls mit Staatsfrau Gräfin Alice Trolle-Wachtmeister (links)

aus dem Kamin schießen lassen, und die kostbaren Teppiche waren der Brandgefahr ausgesetzt. Früher gab es im Palast übrigens eigene Kaminbeauftragte, wie es hieß. Heute wechseln sich drei Herren vom Wachtdienst ab. Einer von ihnen ist Björn Söderlind, der im tiefsten Kellergewölbe des Stockholmer Schlosses die Axt schwingt. Trotz des gestampften Lehmbodens und schummriger Beleuchtung klagt der Schlosswachtmeister nie. Das ist wahrhaftige Loyalität.

Die großen Waschkessel im Schloss sind mittlerweile abgeschafft, aber dafür gibt es die geräumigen Wäschekammern noch immer. In den Kammern werden vor jedem Galadinner die großen Tischdecken aus dem 19. Jahrhundert durch die alten Steinmangeln geschoben.

Sollte der König den ganzen Hof einmal darüber abstimmen lassen, wer am populärsten im Schloss ist, würde mit Sicherheit Gullan Lundin gewinnen. Sie ist die Zeugkammer-Vorsteherin, aber alle sagen einfach Gullan zu ihr. Ihr schallend lautes Lachen ist von einer so ungewöhnlichen Fröhlichkeit, dass es alle ansteckt. Gullan kommt ursprünglich aus der stolzen Provinz Hälsingland und kümmert sich mittlerweile seit über vierzig Jahren um die Wäsche der königlichen Familie. Ihr Job erfordert größte Sorgfalt. Eine gewandte Zeugkammer-Jungfer braucht ungefähr eine halbe Stunde, um ein Frackhemd des Königs zu bügeln, was allerdings nicht sehr häufig vorkommt. Meistens dreht sich in der königlichen Zeugkammer alles um die kostbare Leinenwäsche. Sie muss behutsam behandelt werden, weil sie auch in hundert Jahren noch verwendbar sein soll. Tischtücher und Servietten werden so vorsichtig gereinigt, dass sie mit der Pflege eines jeden Seidenkostüms konkurrieren könnten.

Nach einer Wäsche bleibt das Leinen liegen und muss sich von Freitag bis Montag »ausruhen«, wie man im Schloss sagt. Dann wird es mit größter Vorsicht dreimal kalt gemangelt. Anschließend bleiben die Tücher einen Monat in einem trockenen Raum liegen, bevor sie in ihre Verpackungen kommen. Und die sind natürlich auch aus kostbarem Leinen.

Im Textilatelier von *König Gustaf VI. Adolfs Bettkammer* hat Monica Almquist das Sagen. Sie ist damit beschäftigt, frisch gewaschene Stofftapeten aus dem 18. Jahrhundert im Nähbogen aufzuspannen. Vorsichtig heftet sie die losen Fäden des Moulinégarnes gegen ein Unterlagenstück aus Baumwolle. Ihre Kollegin Agneta Talling kümmert sich um die persönlichen Kommandozeichen des Königs. So war die ursprüngliche Bezeichnung der persönlichen Flaggen seiner Majestät. Sie reinigt sie alle per Hand und bügelt sie vorsichtig auf.

Christine Lannsjö wiederum ist für die Stühle im Palast zuständig, die regelmäßig ausgebessert werden müssen. Allein um ein Stuhlkissen aus dem 18. Jahrhundert zu stopfen, braucht sie 25 Stunden. Hier sind Heftklammerpistolen natürlich verboten, und die alten Nägel werden mit einem Hammer bearbeitet. Christine Lannsjö: »Wir dürfen nur wertvolles Leinengewebe benutzen. Alte Muster werden kopiert, neu gewebt und dann auf den Stuhl aufgezogen. Die verschlissenen Möbelstücke werden ins Museum gebracht und für die Zukunft aufbewahrt.«

Viele sprechen das Wort »Hofmarschall« mit großer Ehrfurcht aus. Die geneigten Leser wird es vielleicht an prachtvolle Schlösser, mächtige Fürsten, Glanz, Verschwendung und alte Sisi-Filme erinnern. Aber im heutigen Leben sieht das Amt eines Hofmarschalls eher einfach und gediegen aus. Im Stockholmer Königspalast ist Jan Kuylenstierna der amtierende Hofmarschall. Er trägt übrigens keine Uniform, sondern sitzt im eleganten Anzug an seinem Schreibtisch. Vor ihm liegen diverse Dokumentenmappen, ein Aktenkoffer und ein voll ausgebuchter Terminkalender. Bevor er vom Palast abgeworben wurde, war Jan Kuylenstierna übrigens als Personalchef für den Johnson-Konzern tätig.

An seiner Wand hängt ein gerahmtes Zitat:

> *Gib mir den Mut zu verändern, was ich verändern kann, die Gelassenheit, das zu akzeptieren, was ich nicht verändern kann, und die Weisheit, zwischen beiden zu unterscheiden.*

Vom Hofmarschall werden die öffentlichen Auftritte des Königs und der Königin gesteuert, wie Jan Kuylenstierna sich ausdrückt. Das bedeutet, dass eine der wichtigsten Funktionen des Hofmarschalls darin besteht, Staatsbesuche für das Herrscherpaar zu planen. Vor jeder Reise unternimmt Jan Kuylenstierna einen so genannten Vorbesuch im gastgebenden Land. Dann wird jede Minute des Staatsbesuchs genau verplant, weil nichts dem Zufall überlassen werden darf.

Jan Kuylenstierna ist zusammen mit dem Königspaar schon kreuz und quer um die Welt gereist, hat andere Monarchen getroffen und Präsidenten und Premierminister kennen gelernt.

Alle 18 Monate treffen sich die acht Hofmarschälle von Europas Königshäusern, um Erfahrungen auszutauschen.

Sie bezeichnen sich scherzhaft, aber wahrscheinlich zu Recht, als einen der exklusivsten Clubs der Welt.

Könige und Staatschefs, Gewerkschaftsbosse und Industrielle, Nobelpreisträger, Sportler und Künstler. Alle haben sie schon einmal eine Einladung vom Königspaar zum Galadiner bekommen. Aber bevor die Gäste schließlich ihren Platz an der Tafel einnehmen, sind Wochen der Vorbereitungen erforderlich.

Mit einer fast wissenschaftlichen Präzision wird alles durchgeführt. Die Gäste gehen und sitzen zum Beispiel auf einem Teppich, der nur für Galadiners herausgeholt wird. Er besteht aus drei großen Rollen, die mit Hilfe von Reißverschlüssen aneinander gereiht werden und so eine Länge von 48,2 Meter ergeben. Der 44,5 Meter lange Tisch im Speisesaal der *König Karl XI.-Galerie* wird mit den schweren Damasttischdecken aus der Wäschekammer gedeckt.

Das brasilianische Silberbesteck wird aus der Schatzkammer geholt und vom Hoffurier und den Tafeldeckern aufgelegt. Das Besteck stammt aus dem Erbe von Königin Josefina, der Enkelin von Frankreichs ehemaliger Kaiserin

Der königliche Eierbecher aus purem Gold

Joséphine. Es wurde bei seiner Übergabe als so unermesslich wertvoll angesehen, dass es die Reise von Brasilien nach Schweden auf dem schwer bewaffneten Kriegsschiff *Balder* antrat.

Die Teller und das Besteck liegen genau abgemessen nebeneinander. Die Kristallgläser werden sogar mit Hilfe einer Schablone platziert, damit sie keinen einzigen Millimeter verkehrt im Verhältnis zu der übrigen Pracht auf dem Festtisch stehen. Zuletzt werden die Stühle mit Hilfe einer dunkelroten Kordel schnurgerade an den Tisch gestellt.

Am Platz des Königs steht traditionsgemäß immer ein Eierbecher aus purem Gold. Er stammt noch von dem berühmten Karl XIV. Johann, dem ersten König aus der Dynastie Bernadotte. Dieser ließ sich nicht selten mitten im Galadiner ein weich gekochtes Ei servieren, weil dem geborenen Franzosen das schwedische Essen nicht schmeckte. Alle seine Nachfolger auf dem Thron haben die Tradition des goldenen Eierbechers übernommen, aber heute kann sich keiner mehr daran erinnern, wann ein Monarch zuletzt ein weich gekochtes Ei geordert hat.

Am Morgen des Galadiners werden die Weine aus dem überaus gut sortierten Weinkeller des Schlosses geholt. Einen Mundschenk gibt es nicht mehr am Hofe, diese Funktion wurde mittlerweile abgeschafft. Der kühle Schlosskeller allein garantiert schon eine erstklassige Lagerung der Weine.

Während oben im Speisesaal kurz vor dem Eintreffen der Gäste alles ruhig ist, herrscht in der Schlossküche hektisches Treiben. Aber Hofkoch Werner Vögeli hat alles bestens im Griff. Noch nie hat es in der königlichen Küche jemals eine schlimme Panne gegeben.

Die geladenen Gäste versammeln sich im großen Saal *Weißes Meer*, dem ältesten Raum im Schloss. Der König und die Königin erscheinen pünktlich um 19.30 Uhr. Sie nehmen sich genau 15 Minuten Zeit, um alle zu begrüßen, während der Zeremonienmeister seinen Stab auf den Fußboden stößt. Die Herren verneigen sich, und die meisten Damen machen vor dem König und der Königin einen tiefen Hofknicks. Dann marschieren die Gäste hinter dem Monarchenpaar durch den *Don Quijote-Salon* und *Königin Sofias Paradebettkammer* hin zum festlich gedeckten Tisch.

Jetzt ist der Zeitpunkt für die Serviteure und die Kellner gekommen, sich ans Werk zu machen. Sie sind keine Angestellten des Hofes, sondern eine bunte Schar von Männern, die sich mehrmals im Jahr – zu Galadiners – im Schloss treffen. Sie bezeichnen es als eine persönliche Ehre, in farbenprächtigen Uniformen und weißen Handschuhen zu servieren. Dabei sind sie alle Amateure: Pensionierte Bankdirektoren und Wurstfabrikanten, Oberstleutnants und Schullehrer, Anwälte und Busfahrer.

Das erste halbe Jahr als Königin von Schweden verging für Silvia wie im Flug. Die vielen neuen Eindrücke, ihre plötzliche Popularität und das Studium der neuen Sprache schienen sie keineswegs angestrengt zu haben. Sie wurde praktisch über Nacht zum Idol vieler junger Frauen in Schweden. Und selbst Gegner der Monarchie schmolzen beim Anblick der neuen Königin dahin: »Würde es sie nicht geben, müsste man sie erschaffen!«

Bevor König Carl Gustaf heiratete, war nur knapp die Hälfte der Bevölkerung für eine Monarchie in ihrem Land gewesen. Schon kurz nach der Hochzeit brach eine richtige Silviamanie aus, und das Königshaus stand wieder im Mittelpunkt des Interesses. Knapp 84 Prozent aller Schweden sprachen sich plötzlich jubelnd für die Monarchie aus.

Kaum zwei Menschen haben so viel für das schwedische Königshaus getan wie Prinz Bertil und seine »Sekretärin« Lilian Craig. Hätte König Carl Gustafs Onkel Bertil seine bürgerliche Freundin kurz nach dem Kennenlernen 1948 geheiratet, hätte er, wie wir wissen, auf alle Thronrechte verzichten müssen, so wie es seine Brüder Sigvard und Carl Johan aus Liebe getan hatten. Die Monarchie wäre in Gefahr gewesen, denn für die Thronfolge hatte es zu diesem Zeitpunkt nur den knapp zwei Jahre alten Prinzen Carl Gustaf und seinen Onkel Prinz Bertil, damals 36 Jahre alt, gegeben.

Seit 1948 waren Prinz Bertil und Lilian Craig heimlich ein Paar. Aber statt sich öffentlich mit ihr zu zeigen, musste der Prinz die Frau, die er liebte, verstecken. Bei Staatsempfängen oder Galadiners wurde er stets von hochrangigen Damen der Gesellschaft begleitet, die neben ihm den Platz an der Tafel einnahmen, der eigentlich seiner Lilian gehörte. Jahre, sogar Jahrzehnte vergingen. Und natürlich mussten sie ein Opfer bringen, welches höchstwahrscheinlich das größte ihres Lebens war: Sie verzichteten darauf, ein

Baby zu bekommen. Dabei hatten sich beide so sehr eine kleine Familie gewünscht.

Im Herbst 1962 hatte Prinz Bertil einmal im Dienste der Krone ein Waisenheim in der Nähe von Göteborg eröffnet. Überall hörte man Kindergeschrei und Babys, die weinten. Eine genervte Dame in Designerkostüm und Nerzstola, die sie nur deswegen am helllichten Tag trug, weil doch ein königlicher Prinz kam, sagte: »Das ist ja schrecklich laut hier!« Und direkt an Prinz Bertil gewandt fragte sie: »Können Sie sich etwas Schlimmeres vorstellen als Kindergeschrei?«

Prinz Bertil schaute der Dame in die Augen und sagte: »Ja. Kein Kindergeschrei.« Dabei hatte es ihm fast das Herz zerrissen.

Die so genannten Hausgesetze der Dynastie Bernadotte verbieten einem Prinzen die Heirat mit einer Bürgerlichen. Nur ein König darf ohne Bedingungen die Wahl seiner Gemahlin treffen. Niemals hatte ein Schwedenkönig zuvor die Hausgesetze geändert. Aber aus tiefer Dankbarkeit für seinen Onkel Bertil machte König Carl XVI. Gustaf eine Ausnahme und erlaubte ihm die Hochzeit mit Lilian Craig. Damit durfte zum ersten Mal in der Geschichte ein Prinz von Schweden eine Bürgerliche heiraten und trotzdem seinen Prinzentitel behalten. Zudem wurde seine Frau Prinzessin von Schweden mit dem Recht auf die Anrede »Königliche Hoheit«.

Die Hochzeit des Prinzen mit Lilian Craig fand am 7. Dezember 1976 in der Kapelle von Schloss Drottningholm statt. Trauzeugen waren neben König Carl Gustaf und Königin Silvia auch Königinmutter Ingrid von Dänemark, Prinz Bertils einzige Schwester.

Das grauhaarige Brautpaar schritt Hand in Hand in die Kirche. Er trug einen dunklen Anzug, sie ein langes weißes Kleid, und sie hielt einen kleinen Maiglöckchenstrauß in der Hand.

Der Pastor hatte zuerst Prinz Bertil gefragt, ob er die anwesende Lilian Craig zu seiner Frau nehmen möchte. Er hatte begeistert geantwortet: »Ja, ich will. Ja, ooooh ja!« Dann wurde die Braut gefragt, und sie antwortete nur: »Ja.« Vor den Geistlichen und allen Leuten hatte Prinz Bertil seiner *Frau* die Tränen von den Wangen geküsst. Er war damals 64, sie 61 Jahre alt.

Drei Tage später, am 10. Dezember 1976, nahm Königin Silvia zum ersten Mal an der Nobelpreisverleihung teil. Sie findet in jedem Jahr am 10. Dezember statt, es ist der Todestag von Alfred Nobel, dem Erfinder des Dynamits. Aber nicht nur für Königin Silvia war dies eine Premiere. Auch Prinz Bertil erschien zum ersten Mal mit seiner Gemahlin Prinzessin Lilian.

Und als Ehrengäste des Königs kamen seine Schwiegereltern: Walther und Alice Sommerlath.

Nachdem König Carl Gustaf die Nobelpreisträger feierlich ausgezeichnet hatte, gab die Alfred-Nobel-Stiftung im Stockholmer Konzerthaus ein Galadiner mit anschließendem Ball. Und das war für Königin Silvias Eltern der schönste Teil des Abends. Als ein langsamer Walzer gespielt wurde, führte Walther Sommerlath seine Frau auf die

Tanzfläche. An diesem 10. Dezember feierten Silvias Eltern ihren 51. Hochzeitstag.

Bei der Goldenen Hochzeit vor einem Jahr in Heidelberg hatten sie einen weiteren Höhepunkt ihres Eheglücks – so drückte Walther Sommerlath sich aus – für so gut wie unmöglich gehalten. Und jetzt durften sie als Eltern der Königin von Schweden beim Nobelfest in Stockholm tanzen. Es war ein Geschenk des Himmels.

Königin Silvias Eltern blieben noch bis zum Weihnachtsfest in Stockholm. Papa Walther wollte doch nicht versäumen, seinem Kätzchen am 23. Dezember zum Geburtstag zu gratulieren, ihrem ersten Geburtstag als Königin. Es war eine lustige Feier mit vielen Verwandten. Die vier Schwestern des Königs waren mit ihren Familien anwesend, um das Fest der Liebe ebenfalls im Schloss zu verbringen. Alle waren glücklich und freuten sich auf halb deutsche und halb schwedische Weihnachten.

Diese Tradition war jedoch nicht neu und auch nicht Silvia zu verdanken. König Carl Gustafs deutsche Mutter Erbprinzessin Sibylla aus der Fürstenfamilie Sachsen-Coburg und Gotha hatte diesen Brauch am Hof eingeführt, und es war allen eine Freude, dass er mit Silvias Einzug in die königliche Familie weitergeführt werden konnte.

Silvester 1976 verbrachten Silvia und Carl Gustaf ganz allein in trauter Zweisamkeit. Kurz vor Mitternacht öffnete der König eine Flasche Champagner und stieß mit seiner Frau auf eine glückliche Zukunft an. Aber was war das?

Silvia nippte nur kurz an ihrem Glas und schaute ihren Ehemann verliebt über den Rand hinweg an. Ihre Zurückhaltung hatte einen Grund, und zwar einen besonders schönen. Königin Silvia war schwanger. Die Hofärzte errechneten die Geburt des Kindes für Mitte Juli.

5

Ehefrau, Mutter und Königin

»Vom Windelnwechseln zum Staatsdiner.
Wie geht das?«

Königin Silvias Schwangerschaft löste in Schweden wahre Freudentaumel aus. Man freute sich allerorts über den königlichen Nachwuchs, und aus dem ganzen Land kamen rührende Briefe mit wohlmeinenden Ratschlägen von Müttern. Andere Menschen wollten den werdenden Eltern einfach nur mitteilen, wie sehr sie sich mit ihnen freuen. Die Popularität des schwedischen Königspaares war ungebrochen hoch.

Das Baby, das Silvia unter ihrem Herzen trug, war schon eine Besonderheit, bevor es überhaupt geboren wurde. Denn seit dem Jahre 1807 war es das erste Kind eines regierenden schwedischen Königspaares, das während seiner Amtszeit geboren wurde. Damals, im Jahre 1807, hatte Königin Frederika ihrem Mann König Gustav IV. Adolf während dessen Amtszeit das fünfte Kind geschenkt. Es war eine Prinzessin, die auf den Namen Cecilia getauft wurde. Die ersten vier Kinder hatte Frederika vor der Thronübernahme zur Welt gebracht, als sie noch Kronprinzessin war.

Die Königinnen und Kronprinzessinnen an den anderen europäischen Höfen bewunderten Silvia für ihre Gelassenheit und ihre Eleganz, mit der sie ihre neuen Aufgaben meisterte. Es ist für eine Monarchin, die nicht jahrzehntelang in ihre Rolle hineingewachsen ist, eine große Aufgabe. Silvia wurde praktisch von heute auf morgen gleichzeitig Ehefrau, Königin und Mutter und hatte damit eine Verantwortung, die mit sehr vielen Verpflichtungen verbunden war.

Wie leicht hatten es im Vergleich Margrethe von Dänemark und Beatrix der Niederlande. Erstens war es ihnen in die Wiege gelegt worden, dass sie eines Tages Königin werden würden.

Zweitens konnten beide sich während ihrer Zeit als Kronprinzessin gemeinsam mit ihrem Prinzgemahl in aller Ruhe der Erziehung ihrer Kinder widmen. Das galt auch für Sofia von Spanien. Ihre drei Kinder Elena, Cristina und Felipe waren sogar schon aus der Schule, als ihr Mann Juan Carlos 1978 nach der Francodiktatur König von Spanien wurde.

Oder Sonja von Norwegen. Sie war zwar, wie Silvia, eine Bürgerliche, bevor sie den Kronprinzen Harald heiratete, aber sie hatte alle Zeit, sich um ihre Tochter Märtha-Louise und ihren Sohn Haakon Magnus zu kümmern, bevor die Regentschaft ihres Mannes begann. Die Kinder waren bereits 20 Jahre alt, als ihre Eltern in Trondheim zum Königspaar von Norwegen gekrönt wurden.

Alle diese Vorteile hatte Silvia nicht genießen können. Ihr Terminkalender sah aus, wie der einer Königin aussehen musste: nämlich randvoll. Zudem musste sie in jeder freien Minute, manchmal auch nachts, die Sprache ihres neuen Heimatlandes büffeln. Königin Elizabeth II. von England sagte damals über ihre junge »Kollegin« in Schweden: »Ich bin über alle Maßen erstaunt, wie Silvia das macht. Ihre angeborene Würde sticht allen sofort ins Auge. Sie ist ein Geschenk für Carl Gustaf und sein Land.«

So sah der König von Schweden das auch. Silvias ausgezeichneter Modegeschmack kam ihr überdies jetzt zugute. Welche junge Frau träumt nicht davon, einen Schneider kommen zu lassen oder in ein Modeatelier zu gehen und aus dem Vollen schöpfen zu können? Silvia durfte, ja musste dies sogar regelmäßig tun, und ihre Abendroben waren von so atemberaubender Eleganz, dass alle Redakteurinnen der schwedischen Modezeitschriften ins Schwärmen gerieten. Aber auch mit ihrer Tagesgarderobe prägte die junge Königin einen ganz eigenen Stil. Viele ihrer Kleider fielen durch ihre schlichte Eleganz auf und wurden mitsamt Schnittmusterbogen in Modejournalen zum Nachschneidern angeboten.

Die Garderobe der Königin wird in einem extra dafür vorgesehenen Ankleidezimmer aufbewahrt. Eine Kammerfrau ordnet nicht nur die Kleider, Röcke, Kostüme, Blusen, Mäntel, Hüte, Schuhe, Handtaschen und Handschuhe, sondern sie verwaltet sie auch. Das bedeutet: Alles wird mit einem Zettel versehen. Darauf steht exakt aufgelistet, an welchem Tag und zu welchem Anlass die Königin welches Ensemble getragen hat und mit welchen Accessoires dieses kombiniert wurde. Das ist praktisch, weil jeder sonst bei der Fülle der Garderobe den Überblick verlieren könnte. Und die nationalen und internationalen Modejournalistinnen mit ihren Adleraugen haben nie behaupten können, Silvia habe das eine oder andere Kleid zu oft nacheinander getragen.

Dann ist da noch die Sache mit den Kronjuwelen. Silvia darf vor allen anderen weiblichen Mitgliedern der königlichen Familie wählen, welchen Schmuck sie anlässlich eines Galaempfangs oder Staatsbesuchs tragen möchte. Die Diademe, Colliers, Ohrringe, Broschen und Armbänder aus Diamanten, Brillanten, Smaragden, Rubinen, Saphiren und Amethysten zählen nach den Juwelen der britischen Königin Elizabeth II. zu den edelsten Schmuckstücken der Welt.

Königin Silvia neigt zuweilen zum Perfektionismus. Was in ihrer Position kein Nachteil sein muss, zumal sie ihre natürliche Herzenswärme immer behalten hat. Jeder Auftritt ist von ihr sorgsam einstudiert, jede Zusammenstellung ihrer Garderobe perfekt auf Frisur und Juwelen abgestimmt. Als ihr zum ersten Mal ein Diadem aufs Haupt gesetzt wurde, musste sie dreimal schlucken. Auf so ein Gewicht war sie wahrlich nicht vorbereitet gewesen. Einige Diademe der schwedischen Kronjuwelen wiegen bis zu zwei Pfund, und Silvia gestand mir einmal, dass sie das Tragen dieser Schmuckstücke vor dem Spiegel geübt hat. Denn nur eine einzige unkontrollierte Bewegung kann schon eine Katastrophe auslösen.

Diademe sind meistens rund oder halbrund und an der

Kameen, Diamanten und Perlen:
das berühmte Diadem der Kaiserin Joséphine
von Frankreich

Unterkante mit Samt gepolstert. Diese Unterkante befestigt der Friseur mit dem Haar der Königin. Viele Nadeln sind dazu notwenig, aber bei Silvias Haarpracht gab es nie Schwierigkeiten. Der damalige Hoffriseur war Björn Axén. Er hat das Haar der Königin nicht nur zu Galaempfängen in Schweden zu wunderbaren Frisuren gezaubert, sondern begleitete sie auch auf Staatsbesuchen um die halbe Welt.

Er sagte: »Das Haar der Königin ist wie geschaffen dafür, ein Diadem zu halten. Mit dieser Fülle kann sie praktisch jede Frisur tragen. Manchmal, wenn ich ein wenig zu konservativ war, hat mir die Königin Tipps gegeben, wie sie die Frisur gern hätte. Am Anfang hätte ich nicht gewagt, ihr zum Beispiel eine lange Perlenkette ins Haar einzuflechten oder Diamantbroschen in einen Haarknoten zu stecken. Später lagen aber manchmal sogar Orchideen auf ihrem Frisiertisch, und sie bat mich, diese in ihrem Haar zu verarbeiten. Auf die Idee wäre ich selber nie gekommen.«

Die riesigen Ohrgeschmeide – von Ohrringen kann man bei den Kronjuwelen kaum reden – werden durchs Ohrläppchen gesteckt. Hinter dem Ohr wird der Schmuck von einem Platinbügel, der aussieht wie das Ende eines Brillenbügels, über dem Ohr zusätzlich gehalten. Die Herzogin von York, besser bekannt als Fergie oder geschiedene Ehefrau von Prinz Andrew von England, sagte nach der ersten Anprobe solcher Ohrringe: »Das mit dem Bügel hinter dem Ohr ist eine gute Erfindung. Bei dem Gewicht der

Dinger hätte ich sonst nach zwei Jahren so lange Ohrläppchen wie eine afrikanische Eingeborene.«

Königin Elizabeth war über diese Äußerung ihrer Schwiegertochter »not amused«, und Prinzgemahl Philip ließ sich zu der Bemerkung hinreißen: »Ich hätte sie gern als afrikanische Eingeborene gesehen.«

Während ihrer Schwangerschaft wurde Königin Silvia vom schwedischen Hofgynäkologen Professor Ulf Borell betreut. Er war einer der besten und angesehensten Ärzte in Europa. Mit seinen knapp 60 Jahren hatte er eine väterliche Ausstrahlung, und seine ruhige Stimme weckte sofort Vertrauen. Bei ihm fühlte sich jede schwangere Frau geborgen. Ende März erlaubte Professor Borell der Königin, Carl Gustaf zu einem viertägigen Staatsbesuch nach Belgien zu begleiten. Silvia war Anfang des sechsten Monats, und es zeichneten sich keinerlei Schwierigkeiten ab. Trotzdem reiste Professor Borell mit nach Belgien. In seiner Begleitung waren zwei weitere Frauenärzte, die in einem Notfall hätten helfend eingreifen können. Außerdem befand sich im medizinischen Gepäck der Gynäkologen aus Stockholm auch eine Blutkonserve mit der Blutgruppe der Königin.

Der König und die Königin von Schweden wurden auf dem Flughafen in Brüssel von König Baudouin und Königin Fabiola empfangen. Das belgische Monarchenpaar war zu Gast auf der Hochzeit von Silvia und Carl Gustaf gewesen, und alle freuten sich nun auf ein Wiedersehen. Nach dem Vorspielen der Nationalhymnen nahmen die

Könige die Parade ab. Am Ende des roten Teppichs standen die Königinnen mit Blumensträußen in der Hand. Für viele war das ein schöner, aber auch ein wehmütiger Anblick. Königin Silvia sah aus wie das blühende Leben, und nun war auch schon deutlich zu sehen, dass sie ein Baby erwartete. Königin Fabiola hingegen, die zu diesem Zeitpunkt bereits seit 17 Jahren mit König Baudouin verheiratet war, konnte unglückseligerweise keine Kinder bekommen.

Beim Staatsbesuch in Belgien traf Königin Silvia auch mit der lebenslustigen Prinzessin Paola zusammen. Die beiden Damen verstanden sich auf Anhieb sehr gut, und es entwickelte sich sogar eine Freundschaft. König Baudouin hatte zum Galadiner auch Silvias ältesten Bruder Ralf Sommerlath mit seiner charmanten Frau Charlotte eingeladen. Die beiden wohnten in der deutsch-belgischen Grenzstadt Eupen. Silvia freute sich sehr über das Wiedersehen mit ihrem Bruder und umarmte ihn bei der Begrüßung lange und innig.

In den folgenden Monaten hatte Königin Silvia in Schweden ein ausgefülltes Programm, das aber den glücklichen Umständen ihrer Schwangerschaft angepasst war. König Carl Gustaf war in dieser Zeit sehr besorgt um seine Frau und ließ sie kaum eine Minute aus den Augen. Überhaupt waren alle sehr um Silvia bemüht. Sie telefonierte täglich mit ihren Eltern in Heidelberg.

»Wir bekommen hier von wildfremden Menschen selbst gestrickte und gehäkelte Babysachen zugeschickt«, sagte

Alice Sommerlath zu mir am Telefon. »Das müssten Sie mal sehen, Herr Loh!«

»Würde ich gern«, antwortete ich.

Frau Sommerlath besprach sich kurz mit ihrem Mann und sagte: »Dann kommen Sie doch einfach mal vorbei.«

Ich nahm die Einladung dankbar an. Bis zu diesem Zeitpunkt hatte ich immer gedacht, dass Königin Silvia es nicht gern sähe, wenn Journalisten ihr Eltern besuchten. Aber sie hatten für mich eine Ausnahme gemacht.

Walther und Alice Sommerlath waren innerhalb von Heidelberg umgezogen und wohnten jetzt in der Wilckensstraße. Sie bewohnten ein schönes Häuschen zusammen mit zwei anderen Familien. Ihre Wohnung war sehr gemütlich eingerichtet. Auf einer Anrichte standen natürlich Fotos von Silvia und Carl Gustaf in wunderschönen Silberrahmen mit Königskrone.

Ich brachte den Herrschaften einen duftenden Strauß Königin-Silvia-Rosen mit. Alice Sommerlath erkannte sie sofort und freute sich sehr darüber. Sie hatte eine Erdbeertorte gebacken. »Die Erdbeeren habe ich heute Morgen mit dem Fahrrad vom Markt geholt«, sagte Walther Sommerlath stolz.

Alice nickte und schnitt die Torte an. Der Hausherr schenkte Kaffee ein. Brasilianischen Kaffee natürlich. Frau Sommerlath trinkt keinen anderen. »Ich brauche jeden Tag ein bisschen Heimatgefühl«, sagte sie.

Ich verstand das sehr gut und probierte die Torte. Der Boden war so hart, dass mir das angestochene Stück auf den Boden hüpfte. Walther Sommerlath: »Ach, ja, ich hatte vergessen zu erwähnen, dass dies eine der berühmten Springtorten meiner Frau ist.«

Alice gab ihm einen kleinen Klaps auf die Hand, und wir mussten alle lachen.

»Letzte Woche habe ich meinen Mann mit einem Päckchen für unsere Tochter zur Post geschickt«, erzählte Alice. »Ich wollte sie überraschen und ihr eine Freude bereiten. Das Päckchen war eine Woche unterwegs. Als meine Tochter dann anrief, musste sie mir leider sagen, dass der Inhalt verdorben war. Wie schade!«

Ich fragte, was sie denn geschickt hätte. »Frischen Spargel!«, sagte sie. »Ich hatte ihn sogar in ein feuchtes Handtuch eingewickelt und dann in eine Plastiktüte getan. Schade, dass das Päckchen so lange brauchte. Meine Tochter liebt den Spargel aus der Heidelberger Gegend.«

Damals rauchte ich noch, wollte mir aber in der Wohnung der beiden reizenden Herrschaften keine Zigarette anzünden.

»Sie dürfen ruhig rauchen«, meinte Walther Sommerlath und holte ein kleines Kästchen. »Probieren Sie die doch mal.«

Ich nahm eine der merkwürdig gelben Zigaretten und zündete sie mir an. Ich verschluckte mich und musste husten. »Was ist das denn?«, fragte ich, während Herr Sommerlath mir väterlich auf den Rücken klopfte und sagte: »Die sind aus Brasilien. Aus Maispapier. Die raucht man dort gern. Ich weiß aber nicht, wie lange die hier schon bei uns liegen.«

Ich bat um Verständnis, wenn ich diese Zigarette nicht

weiter rauchen würde. Beide nickten, und Alice brachte den Aschenbecher mit der gelben Wunderzigarette aus Brasilien in die Küche. Ich begleitete sie.

»Ich halte es hier nicht mehr lange aus«, gestand mir Alice Sommerlath nervös. »Meine Tochter bekommt das erste Kind, und ich bin nicht an ihrer Seite. Das geht doch nicht.«

Ich stimmte ihr zu und bestärkte sie in ihrer Absicht, nach Stockholm zu fliegen. »Das werde ich auch tun«, sagte sie erleichtert, als hätte sie diesen Anstoß noch gebraucht. »Gleich morgen lasse ich das Ticket besorgen.«

Walther aus seinem roten Ohrensessel: »Zwei Tickets.«

Alice: »Nein. Du bleibst lieber hier. Das ist nichts für Männer.«

Walther fügte sich ohne eine weitere Diskussion in sein Schicksal. »Sie hat meistens Recht«, murmelte er.

Zum Abschied machte ich noch ein paar Erinnerungsbilder auf dem kleinen Balkon und bewunderte die vielen hübschen Pflanzen. »Das sind alles Korallenbäumchen«, sagte Alice. »Sie kommen aus Brasilien.«

Korallenbäumchen sind Sträucher, die erst schön blühen und dann kirschgroße Früchte in den Farben von Korallen bekommen. »Die kann man ganz leicht selbst ziehen«, sagte die Gärtnerin Alice und gab mir ein paar Früchte in die Hand. »Einfach trocknen lassen, die kleinen Kernchen herausnehmen und in die Erde stecken. Das ist alles.«

Ich musste es natürlich zu Hause gleich versuchen und hatte vollen Erfolg. Noch heute, nach 26 Jahren, habe ich Kügelchen von Alices Korallenbaum. Jeden Sommer säe ich nur drei oder vier Samen ein und habe so eine schöne Erinnerung an meinen Besuch in Heidelberg bei den reizenden Eltern der Königin.

»Ich bin tatsächlich Strohwitwer«, sagte Walther Sommerlath mir Anfang Juli am Telefon. »Sie ist nach Schweden geflogen.« Ich wiederholte meine Meinung von damals, dass ich das gut fände. Denn kaum jemand ist für eine hochschwangere Frau so wichtig wie die eigene Mutter.

»Soll ich Sie anrufen, wenn das Baby da ist?«, fragte mich Walther Sommerlath.

Begeistert sagte ich: »Das wäre nett von Ihnen. Es geht ja dann für meine Zeitschrift um Minuten. Wir können die Maschinen in der Druckerei anhalten und das Titelblatt neu machen, wenn die frohe Meldung da ist. Damit kann man doch so vielen Menschen in Deutschland eine Freude bereiten.«

Walther gab mir sein Versprechen und meinte: »Und wenn es mitten in der Nacht ist?«

Ich beteuerte, dass mir das nun wirklich nichts ausmachen würde. Andere Kollegen hätten für so einen Kontakt und so eine Meldung ihren gesamten Jahresurlaub verschoben. Denn nicht nur ganz Schweden und ganz Deutschland, sondern ganz Europa fieberte der Geburt des ersten Kindes von Königin Silvia und König Carl Gustaf entgegen.

Ab dem 10. Juli 1977 waren die Eingänge des Stockholmer Königspalastes und des Karolinska-Krankenhauses von einer ganzen Schar internationaler Fotografen und

Reporter belagert. Alle wollten ausführlich darüber berichten, was sich in den Gemächern tat, denn die Geburt des ersten Königskindes stand offenbar unmittelbar bevor. Professor Ulf Borell hatte ein Appartement im Krankenhaus bezogen, um sofort zur Stelle zu sein, was darauf hindeutete, dass die Königin ihr Kind in der Klinik zur Welt bringen wollte. Aber bestätigt wurde diese Information nicht. Die »wachhabenden Presseleute« eilten zwischen Palast und Klinik hin und her. Immer in der Hoffnung, etwas zu wittern, Gewissheit zu erlangen oder vielleicht sogar *das* Foto zu bekommen, das die Königin auf dem Weg in die Klinik zeigte.

Am 14. Juli 1977 klingelte nachts um 3.30 Uhr bei mir zu Hause das Telefon.

»Sommerlath«, hörte ich am anderen Ende der Leitung. »Herr Loh, meine Tochter hat soeben eine Tochter zur Welt gebracht. Sie soll Victoria heißen. Meiner Tochter geht es ausgezeichnet. Dem Baby auch. Und meiner Frau auch. Alles ist gut gegangen. So, Herr Loh, jetzt muss ich aber auflegen, weil ich meine Söhne informieren will ...«

Ich war sehr gerührt und konnte mich gar nicht richtig bei Walther Sommerlath bedanken, weil er gleich auflegte. Mitten in der Nacht hatte ich noch die Gelegenheit, meinen Chefredakteur und die Druckerei zu informieren. Wir hatten »die Meldung des Jahres« als erste Zeitschrift. Ich werde diesen 14. Juli genauso wenig vergessen wie alle anderen 14. Julis davor und danach – denn es ist auch der Geburtstag meiner Mutter Irene Loh.

Königin Silvia wurde nachts ins Karolinska-Krankenhaus gebracht. Sie trug eine blonde Perücke und Sonnenbrille, als das Auto vom Schloss in Richtung Klinik raste. Leider waren diese Maßnahmen nötig, denn einige ausländische Fotografen wollten die Königin unbedingt noch vor der Geburt ablichten. Die Sicherheitsbeamten des schwedischen Hofes hatten dies einkalkuliert und wählten einen kleinen Schlossausgang, auf den kein Fotograf getippt hatte, und einen versteckten Seiteneingang über eine Tiefgarage in die Klinik, den kaum jemand kannte, denn er war im Notfall nur für die Feuerwehr zugänglich.

Silvia brachte ihr Kind ohne Komplikationen zur Welt. Mit ihrem Baby im Arm fuhr sie wenige Stunden nach der Geburt auf demselben Weg ins Königsschloss zurück. Erst als Mutter und Kind wieder wohlbehalten zu Hause waren, ließ König Carl Gustaf am frühen Vormittag die Geburt seiner Tochter bekannt geben.

Die kleine Prinzessin bekam den Namen Victoria Ingrid Alice Désirée. Es war das erste königliche Baby überhaupt, das nicht im Schloss, sondern in einer Klinik auf die Welt kam.

Die Namen haben natürlich alle eine besondere Bedeutung. Victoria wählten die Eltern in historischer Erinnerung an die legendäre Queen Victoria von Großbritannien (1819–1901). Der Sohn von Queen Victoria, Prinz Arthur, hatte 1879 Prinzessin Luise von Preußen geheiratet, die ihm 1882 die Tochter Prinzessin Margaret gebar. Margaret wiederum hatte nur 23 Jahre später den schwedischen Prinzen Gustaf Adolf geheiratet, der viele Jahre später als

Gustaf VI. Adolf König von Schweden wurde. Er war der Großvater des heutigen Königs Carl Gustaf.

In Kurzform: Königin Silvias Töchterchen bekam den Namen von ihrer Ururgroßmutter Queen Victoria von England. Ingrid wurde als zweiter Name gewählt. So hieß die letzte Prinzessin von Schweden, spätere Königinmutter von Dänemark, die Silvia vor ihrer Hochzeit den Myrtenzweig geschenkt hatte. Und der Name Alice hat eine wunderbare Doppelbedeutung: So hieß König Carl Gustafs Mutter Prinzessin Sibylla von Sachsen-Coburg und Gotha mit zweitem Namen und Königin Silvias Mutter mit erstem, wie wir nur allzu genau wissen.

Désirée wählten Silvia und Carl Gustaf als vierten Namen, weil so die erste Königin aus der Bernadotte-Dynastie hieß.

Außerdem bekam die kleine Prinzessin Victoria von Schweden einen zweiten Titel: Herzogin von Västergotland.

Die Taufe fand am 27. September 1977 in der Schlosskirche statt. Paten waren der damalige Kronprinz Harald von Norwegen, der heutige König, und die damalige Kronprinzessin Beatrix der Niederlande, die ebenfalls heute Königin ist, sowie König Carl Gustafs Schwester Prinzessin Désirée und Königin Silvias Bruder Ralf Sommerlath. Wie ein süßes Engelchen lag Prinzessin Victoria in den Armen ihrer Mama Silvia. Aber als Papa Carl Gustaf sie dann übers Taufbecken hielt, machte sie sich unüberhörbar bemerkbar. Für die nächsten fünfzehn Minuten bewies sie durch lautes Schreien, dass sie allein die Hauptperson war. Sie übertönte den schwedischen Erzbischof Olof Sundby und die Kammersängerin Alice Babs.

Königin Silvia war Mutter mit Leib und Seele. Oft wurde sie gefragt: »Königin, Ehefrau und Mutter. Wie geht das?«

Bei ihrer Antwort änderte sie mit einem charmanten Lächeln stets die Reihenfolge: »Ehefrau, Mutter und Königin. Das geht gut. Ich habe einige wenige hilfreiche Geister um mich herum. Nein, ehrlich, es geht prima. Ich habe kein Problem damit, vom Windelnwechseln direkt zum Staatsbankett zu gehen. Ich bin eine Mutter!«

Diese Mutter hatte im Jahr nach Victorias Geburt 238 offizielle Termine in ihrem Kalender. Unter anderem war im Juni ein fünftägiger Staatsbesuch in der Sowjetunion bei Staats- und Parteichef Leonid Breschnew eingeplant. Im September sollte es dann zu einem viertägigen Staatsbesuch nach Jugoslawien bei Präsident Tito gehen. Kein schlechtes Programm für eine Mutter, die ihre Pflichten in jeder Hinsicht ernst nahm.

Im Spätherbst luden mich Walther und Alice Sommerlath wieder nach Heidelberg ein. Sie wollten mir so gern etwas zeigen, was man nicht mit der Post verschicken konnte. Natürlich war ich gespannt, was das wohl sein könnte.

Mit den Worten: »Es gibt heute keine Springtorte«, begrüßte mich Walther vor der Haustür. Alice hatte Schnittchen vorbereitet. Ich brachte ihr einen Strauß Sonnenblumen und einen kleinen Topf mit einem »Baby« von ihrem Korallenbäumchen mit. Sie war von Herzen gerührt und stellte den Topf auf den Balkon. Dort fiel er nicht weiter auf, weil mindestens zwanzig von dieser Art dort standen.

»Aber ein Korallenbäumchen, das in München in die Erde gesteckt wurde und zu mir zurück nach Heidelberg kommt, hatte ich noch nicht«, sagte sie hocherfreut. Sie schlug die Hände zusammen, schaute zu dem kleinen Korallenbäumchen und streichelte meinen Oberarm.

Walther Sommerlath holte zu den Schnittchen zwei Gläser und eine Flasche Bier, die er zwischen uns aufteilte. Seine Frau trank Mineralwasser. Unser Bier drohte in den Gläsern überzuschäumen, was Walther mit den Worten kommentierte: »Nicht zu kalt, magenfreundlich.« Ich nickte zweimal.

Dann baute er im Durchgang zwischen Wohnzimmer und Esszimmer eine Leinwand auf und stellte einen Projektor davor. »Wir haben Ihnen die Filme doch nicht mit der Post schicken können«, sagte er. »Wenn die verloren gegangen wären!«

Und Alice fügte mit der Erfahrung des Spargelverschickens hinzu: »Man kann der Post ja nicht trauen.«

Sie zeigten mir private Filme von Silvia als Mutter. Wie sie Victoria badet, windelt, das Fläschchen gibt. Glücklich küsst sie ihr Töchterchen auf den Bauch, schaut dann strahlend in die Kamera. Denn den Film hatte König Carl Gustaf aufgenommen.

»Ist das nicht süß?«, fragte mich Alice immer wieder, und Walther spulte den Film zweimal, dreimal, manchmal viermal zurück.

Kein Journalist hatte jemals die privaten Gemächer des

Königs und der Königin von Schweden gesehen. Interviews, Audienzen oder Pressekonferenzen fanden in offiziellen Räumen statt. Und ich saß dort in Heidelberg und schaute mir an, wie der König seine Frau Silvia filmte, die ihre entzückende Tochter Victoria badete, liebkoste und wickelte. Der Film dauerte ungefähr fünfzehn Minuten. Mir kam er vor wie fünfzehn Stunden, weil ich so etwas noch nie gesehen hatte. Und ich war mir ganz sicher, so etwas würde auch nach mir kein Journalist je wieder sehen.

»Halt, halt«, rief Alice Sommerlath und rüttelte zärtlich den Arm ihres Mannes. »Zeig das doch noch mal. Da hat Victoria das Jäckchen an, das ich gehäkelt habe. Ist es nicht schön?«

Ich nickte, lächelte und wusste, dass ich jetzt einiges für mich behalten musste.

Zurück in der Redaktion in München, fragte mich mein Chefredakteur: »Wie war's in Heidelberg bei Silvias Eltern?« Ich schwindelte und sagte, die große Titelstory sei dabei nicht rausgekommen. Ich beschrieb die Szenen vom Film gar nicht erst, sondern behielt das Geheimnis für mich. Andere Kollegen hätten vielleicht anders gehandelt. Aber ich habe das Vertrauen von Königin Silvias Eltern nie missbraucht.

Ende 1978 schauten die Leserinnen von Frauenzeitschriften genauer auf Königin Silvias Bäuchlein. Na, das sah aber ganz verdächtig aus. Bevor in den bunten Blättern wild herumspekuliert wurde, gab der Hof offiziell bekannt: »Seine Majestät der König ist hocherfreut, mitteilen zu können, dass Ihre Majestät die Königin das zweite Kind erwartet. Die Geburt wird Ende Mai, Anfang Juni erwartet. Die Königin befindet sich in ausgezeichnetem gesundheitlichen Zustand.«

Das blieb auch in den nächsten Monaten so. Königin Silvia erlebte eine weitere glückliche Schwangerschaft und schien noch schöner zu werden, wie Zeitschriften immer wieder feststellten.

Davon konnten sich viele Menschen in der Bundesrepublik persönlich ein Bild machen. Im März 1979 kamen König Carl Gustaf und Königin Silvia zum offiziellen Staatsbesuch nach Deutschland. Sie waren Gäste von Bundespräsident Walter Scheel und seiner Ehefrau Mildred. Noch nie in der Geschichte der Bundesrepublik war eine Monarchin mit so viel Jubel empfangen worden. Es war mitunter geradezu beängstigend. Eine ganze Woche blieb das schwedische Königspaar in Deutschland. Das Fernsehen berichtete täglich live und strahlte am Abend sogar Sondersendungen aus. Die Presse schrieb begeistert: »Silvia regierte ihre Heimat eine Woche lang!«

Normalerweise fand der Höhepunkt eines jeden Staatsbesuchs in Bonn statt, wenn der Bundespräsident zum Galadiner einlud. Aber für Königin Silvia wurde der Besuch in ihrer Geburtsstadt Heidelberg zur Sternstunde. Ihr Rundgang durch die Straßen zum Marktplatz glich einem wahren Triumphzug. Es herrschte so viel Trubel und Jubel, dass man fast den Notstand ausrufen musste. Aber es verlief alles friedlich.

Mildred Scheel, Ärztin von Beruf, hielt während der

ganzen Tage ein wachsames Auge auf ihren königlichen Gast. Die Frau des Bundespräsidenten und Gründerin der Deutschen Krebshilfe schrieb nach dem Besuch in einer Tageszeitung:

»Ich verstehe die Begeisterung für Königin Silvia. Sie ist gut erzogen, gebildet, und keiner kann sich ihrem Charme entziehen. Außerdem ist sie mutig. Es war bewundernswert, wie sie mit allen Strapazen des Staatsbesuchs fertig wurde. Immerhin ist sie im siebten Monat schwanger.«

Nach dem Staatsbesuch in Deutschland nahm Königin Silvia in Schweden nur noch wenige offizielle Termine wahr. Der Hofarzt Professor Ulf Borell hatte ein fürsorgliches Machtwort gesprochen, und Silvia richtete sich nach seinen Anweisungen. So begleitete sie den König Mitte Mai 1979 auch nicht auf die zauberhafte deutsche Blumeninsel Mainau im Bodensee. Dorthin hatte Graf Lennart Bernadotte zu seinem 70. Geburtstag eingeladen. Seine Frau Gräfin Sonja richtete im Palmenhaus ein großes Fest aus. Als Mutter von fünf Kindern hatte Gräfin Sonja großes Verständnis dafür, dass Silvia nicht mitkommen würde. König Carl Gustaf hielt eine besonders rührende Tischrede und wünschte seinem »geliebten Onkel noch viele glückliche Jahre« im Kreise seiner Familie. Das Fest fand an einem Samstag statt und ging bis weit nach Mitternacht. Weil Graf Lennart Bernadotte und König Carl Gustaf sich nicht so oft sahen, gab es viel zu berichten, zu erzählen und zu lachen.

Während König Carl Gustaf sich von den letzten Gästen verabschiedete und in sein Gästezimmer zurückzog, wachte Königin Silvia abrupt im Stockholmer Palast auf. Die Wehen hatten eingesetzt! Eindeutig zu früh! Professor Borell wurde informiert und war innerhalb von zehn Minuten im Schloss. Er wusste, dass es das Baby sehr eilig hatte, und ließ zwei weitere Ärzte und zwei Hebammen kommen.

An diesem Sonntagmorgen, es war der 13. Mai 1979, brachte Königin Silvia um 7.20 Uhr einen Sohn zur Welt! Mutter und Kind waren wohlauf, während der Vater noch auf der Insel Mainau weilte. Er wurde per Polizeieskorte mit Blaulicht zum nächstgelegenen Flughafen gefahren, auch wenn dieser in Zürich in der Schweiz lag. Mit Umsteigen in Kopenhagen landete der König am späten Vormittag desselben Tages in Stockholm und raste wieder mit Blaulicht und Polizeieskorte direkt ins Schloss. Dort nahm er seine erschöpfte, aber überglückliche Frau in die Arme und küsste seinen Sohn. Wenige Minuten später wurde die Öffentlichkeit informiert.

Der Kronprinz bekam die Namen Carl Philip Edmund Bertil und den Titel: Herzog von Värmland.

Ich freute mich und musste schmunzeln. Prinzessin Victoria wurde am Geburtstag meiner Mutter geboren und Kronprinz Carl Philip kam einen Tag vor dem Geburtstag meines Vaters Eduard Loh zur Welt. So konnte ich mir die Geburtstage von Königin Silvias ersten beiden Kindern besonders gut merken.

Dem Königspaar schickte ich ein Glückwunschtelegramm zur Geburt des Thronfolgers. Und als ich in Heidelberg bei den Großeltern anrief, sagte ich scherzhaft: »Herr Sommerlath, ich bin sehr enttäuscht, dass Sie mich diesmal nicht sofort informierten.«

Er musste lachen, denn Carl Philip kam für alle überraschend drei Wochen zu früh zur Welt.

Walther Sommerlath fragte mich dann: »Wie finden Sie den Titel Herzog von Värmland?« Ich sagte, dass er gut klinge. Dann erzählte mir Königin Silvias Vater eine kleine Geschichte:

Mitte 1967 war er mit seiner Familie zum ersten Mal in Schweden gewesen. In der Stadt Uddeholm in der Provinz Värmland war die Stahlfirma angesiedelt, die er in Deutschland als Direktor repräsentierte. Sie fuhren mit dem Auto von Heidelberg dorthin und blieben zwei Wochen. Silvia hatte es in Schweden gut gefallen, und so verbrachte die Familie im nächsten Jahr die Sommerferien wieder dort.

»Können Sie sich jetzt vorstellen«, fragte er mich, »warum der Kleine Herzog von Värmland heißt?«

Natürlich konnte ich mir das jetzt gut vorstellen. Er bat mich aber, das nicht zu veröffentlichen. Vielleicht sei es seinem Schwiegersohn nicht recht. Heute, glaube ich, kann ich das erzählen. Es ist doch eine nette kleine Anekdote, dass Carl Philip den Namen der schwedischen Provinz erhielt, die Silvia als Kind so liebte.

Ende August traf ich Walther Sommerlath durch Zufall auf dem Frankfurter Flughafen. Wir hatten dieselbe Maschine nach Stockholm gebucht. Wir wollten zur Taufe des kleinen Prinzen. »Meine Frau ist schon vor einer Woche

Unbeschwerte Sommertage auf Öland mit Victoria und Carl Philip

vorgeflogen«, sagte er. »Ich ließ mir noch Zeit. Ich musste ja noch das Taufgeschenk besorgen.« Ich war gespannt, was das wohl war.

»Ein goldenes Kinderbesteck«, verriet er mir strahlend. Wie einfallslos, dachte ich mir. Das schenken doch alle zur Taufe. Aber gerade das fand ich sehr rührend.

Die feierliche Taufe fand am 31. August 1979 in der Schlosskirche statt. Paten des schwedischen Kronprinzen waren Königin Margrethe von Dänemark, Prinz Bertil von Schweden, Prinzessin Birgitta von Hohenzollern, eine Schwester von Carl Gustaf, und der deutsche Prinz Leopold von Bayern. Er ist einer der besten Freunde des Königs.

Den Sommer über konnte sich Königin Silvia auf Schloss Solliden auf Öland um ihre beiden Kinder kümmern. Sie und der König liebten diese ungezwungene Zeit, in der nichts als die Familie im Mittelpunkt stand.

Am 7. November 1979 beschloss der schwedische Reichstag mit 165 zu 21 Stimmen ein neues Thronfolgegesetz. Darin hieß es, dass von nun an das erstgeborene Kind eines Monarchen die Thronfolge antritt, egal ob es ein Junge oder ein Mädchen ist. Dieses fortschrittliche Gesetz trat am 1. Januar 1980 in Kraft und wurde in Europa als Zeichen einer modernen Monarchie wohlwollend betrachtet. Das bedeutete aber auch, dass der kleine Carl Philip nur vom Tag seiner Geburt bis zum 31. Dezember 1979 Kronprinz von Schweden war. Am 1. Januar 1980 wurde seine ältere Schwester Victoria Thronfolgerin und Kronprinzessin von Schweden. Sie wird in der Geschichte des Landes einmal die vierte regierende Monarchin sein. Nach Königin Margareta (1389–1412), der legendären Königin Christine (1632–1654) und Königin Ulrika Eleonora (1719–1720).

Der riesige Stockholmer Palast wurde für die junge Königsfamilie zu ungemütlich. Darum zogen Carl Gustaf und Silvia Anfang 1981 mit ihren beiden kleinen Kindern nach Schloss Drottningholm. Wörtlich übersetzt heißt Drottningholm *Königininsel*. Es liegt elf Kilometer von Stockholm entfernt und hat eine ideale Umgebung für Kinder. Zum Schloss gehören eine Kapelle, das berühmte Theater von Drottningholm und ein chinesisches Lustschlösschen. Der größte Teil des Schlosses und der in französischem Stil angelegten Parkanlage können besichtigt werden. Der Privattrakt der Königsfamilie dagegen natürlich nicht. Drottningholm wird oft als schwedisches Versailles bezeichnet und ist wohl das schönste aller königlichen Schlösser in ganz Skandinavien.

Das alte Schloss Drottningholm brannte 1661 nieder, worauf Hedwig Eleonora, die Witwe König Karls X. Gustaf, dem Architekten Tessin dem Jüngeren den Auftrag gab, ein neues zu bauen. Drottningholm ist Tessins größtes Werk. Die Innenarchitektur, von Tessin in überladenem Barock begonnen, wurde von seinem Sohn mit Hilfe der besten Künstler und Kunsthandwerker des Landes zu Ende geführt. Zu Hedwig Eleonoras Zeit war die Inneneinrichtung hingegen eher spärlich. Sie legte jedoch die wertvolle Sammlung ostindischen Porzellans an, die ihre

Enkelin Ulrika Eleonora erweiterte. 1744 verheiratete sich ihr Sohn Adolf Friedrich mit Luise Ulrike von Preußen. Am Tag nach der Hochzeit schenkte der Kronprinz seiner Angebeteten das Schloss als Morgengabe.

Heute liegen die Gemächer der königlichen Familie im linken Flügel des Schlosses. Königin Silvia sorgte bei den wenigen Renovierungsarbeiten, die nötig waren, mit ihrem erlesenen Geschmack für ein gemütliches Zuhause.

Die Fahrt zur Arbeit in den Stockholmer Stadtpalast legen der König und die Königin morgens, wenn möglich, gemeinsam zurück.

Meistens sitzt Carl Gustaf selbst am Steuer. Je nach Verkehrsaufkommen dauert die Fahrt etwa eine halbe Stunde. Bevorzugt behandelt wird der Wagen des Königs aber nicht. Auch er muss wie jeder andere Verkehrsteilnehmer an einer roten Ampel halten.

Das Büro der Königin im Stadtpalast ist schlicht, aber vornehm eingerichtet. Davor liegt ein hübscher Audienzraum mit schönen alten Gemälden an den taubenblauen Wänden. Hier besuchte ich Königin Silvia einmal, um ihr siebentausend Briefe zu überreichen. Unsere Zeitschrift hatte damals eine große Umfrage unter dem Motto gestartet: *Wer ist die beliebteste Königin in Europa?*

Silvia von Schweden gewann mit überwältigender Mehrheit. Auf Platz 2 kam Königin Elizabeth von England, gefolgt von Königin Fabiola von Belgien und Königin Juliana der Niederlande. Weil die Sekretärinnen am Hof wochenlang gebraucht hätten, jeden einzelnen der siebentausend Leserbriefe zu beantworten und sich im Namen

Königin Silvia und der Autor
bei der Übergabe von Briefen deutscher Bewunderer

der Königin für die Wahl zu bedanken, empfing Silvia mich als Stellvertreter der Leserinnen und Leser im Schloss. Ich nahm ihren Dank entgegen und bestellte den Lesern herzliche Grüße. Ich weiß noch, dass ich ihr bei diesem ersten Besuch einen großen bayerischen Präsentkorb mitgebracht hatte. Mit Weißwürsten in Dosen, süßem bayerischen Hausmachersenf und Brezen. Sie war begeistert und sagte, als sie das Döschen mit Schnupftabak entdeckte: »Da wird mein Mann sich aber freuen!«

Königin Silvia hatte immer gesagt, dass sie sich drei Kinder wünsche. Und Ende 1981 trug sie wieder ein Baby unter dem Herzen. Auch ihre dritte Schwangerschaft verlief glücklich, und Professor Ulf Borell lobte die Königin sogar öffentlich: »Sie ist ein Vorbild an Verantwortungsbewusstsein. Dem Baby kommt natürlich auch zugute, dass sie nicht raucht und keinen Alkohol trinkt.«

Silvia entschied sich diesmal für eine Hausgeburt. Und so kam ihr drittes Kind am 10. Juni 1982 auf Schloss Drottningholm zur Welt. Eine Tochter, die den Namen Madeleine Thérèse Amelie Josephine bekam. König Carl Gustaf war bei der Geburt dabei und beschrieb dieses Erlebnis als einen der schönsten und ergreifendsten Augenblicke in seinem Leben. Die kleine Prinzessin wurde am 31. August wie ihre älteren Geschwister mit dem klaren kalten Ostseewasser der Insel Öland getauft. Prinzessin Madeleine bekam zusätzlich den Titel: Herzogin von Hälsingland und Gästrikland.

Nesthäkchen Madeleine wurde von der ganzen Familie

Prinzessin Madeleines Taufe gibt Anlass zur geschwisterlichen Bewunderung.
Foto: Papa Carl Gustaf

umsorgt und verwöhnt. Ganz besonders stolz war Papa Carl Gustaf, denn sie hat seine blauen Augen geerbt. Victoria und Carl Philip haben braune Augen wie ihre schöne Mama Silvia.

6

Schicksalsstunden

»Du glaubst immer,
so etwas passiert dir nicht«

Die drei schwedischen Königskinder Kronprinzessin Victoria, Prinz Carl Philip und Prinzessin Madeleine hatten eine schöne und erlebnisreiche Kindheit und Jugend. Natürlich konnten sie sich nicht so ungezwungen bewegen, wie Kinder das normalerweise tun möchten. Aber ihre Eltern taten alles, um ihnen eine unbeschwerte Zeit zu ermöglichen.

An Leibwächter, die seit Kindesbeinen praktisch vierundzwanzig Stunden um sie herum waren, brauchten sie sich gar nicht erst zu gewöhnen – sie gehörten aus Sicherheitsgründen einfach zu ihrem Leben dazu. Die Königskinder kannten nichts anderes, und daher war die Bewachung ganz normal für sie.

Bodyguards warteten diskret vor dem Kindergarten, vor der Klassentür oder im Kino. Die beiden Prinzessinnen und der Prinz wussten zudem genau, wie sie sich in einer lebensbedrohlichen Situation X, die es zum Glück nie gegeben hat, verhalten mussten. Es wurde ihnen sehr früh beigebracht, dass sie ohne Sicherheitsbeamte praktisch keinen Schritt gehen durften, und daran haben sie sich immer gehalten.

Königin Silvia erinnert sich, wie jede liebende Mutter, an viele Einzelheiten ihrer kleinen Rasselbande. Als Victoria knapp sechs Jahre alt war, nahm das Königspaar sie zum ersten Mal mit zum so genannten Fahnentag, dem Nationalfeiertag. Die gesamte Regierung und zahlreiche ausländische Diplomaten saßen an diesem schönen Sommertag mit der königlichen Familie im Park unter Bäumen. Ministerpräsident Olof Palme hielt eine zu Herzen gehende Rede und setzte sich nach dem Applaus wieder auf seinen Platz neben der Königin. Dann erhoben sich alle von ihren Plätzen, weil die schwedische Nationalhymne gespielt wurde. Als die Gäste wieder Platz genommen hatten, fiel ein Marienkäfer vom Baum direkt auf Olof Palmes Unterarm. Er nahm sein Programmheft, schob es unter den Käfer und schüttelte ihn ganz vorsichtig auf Victorias Händchen. Die kleine Kronprinzessin stand auf und setzte den Marienkäfer auf ein Gänseblümchen. Ein Gast fragte: »Warum hat du das getan? Der Käfer war doch ein Geschenk vom Staatsminister!«

Victoria antwortete, ganz wie es sich für eine künftige Königin gehört: »Ja, das weiß ich. Aber der Staatsminister sprach in seiner Rede auch von der Freiheit der Menschen. Und diese Freiheit sollte der Marienkäfer auch haben.«

Olof Palme streichelte Victoria übers Haar und sagte: »Das hast du gut gemacht.«

Bei der Taufe ihres Brüderchens Carl Philip war Victoria gerade zwei Jahre alt. Sie trug ein entzückendes rosafarbenes Kleidchen und bezauberte mit ihrem kindlichen Charme die ganze Hofgesellschaft. Königin Silvia erinnert sich: »Wir nahmen alle auf schönen, vergoldeten Brokatstühlen Platz. Für Victoria hatte man so einen Stuhl im Miniformat angefertigt. Meine Tochter saß neben ihrem Vater, der Carl Philip auf dem Arm hielt. Mitten während der Taufzeremonie begann unser kleiner Sohn plötzlich zu weinen. Ich war leicht beunruhigt und drehte mich zu meinen Eltern um, die hinter uns saßen. Meine Mutter zuckte mit den Schultern. Da stand Victoria von ihrem Stühlchen auf, hielt sich an Papas Knien fest und hob ein kleines Kissen auf. Niemand hatte bemerkt, dass Carl Philips Seidenkissen auf den Fußboden gerutscht war. Er weinte, weil die Orden auf der Brust seines Vaters an seinem Hinterkopf kratzten. Victoria war die Einzige, die das mitbekommen hatte. Ein paar Tage später sahen wir uns die Fernsehübertragung von der Taufe auf Video an und waren so stolz auf unsere aufmerksame Victoria. Sie war ja schließlich erst zwei Jahre alt.«

Prinz Carl Philip schien immer schon der Diplomat unter den Geschwistern gewesen zu sein. Er liebte es, eine große und eine kleine Schwester zu haben.

König Carl Gustaf, der mit vier älteren Schwestern aufgewachsen war, sagte: »Als mein Sohn klein war, habe ich mich oft in ihm wiedergesehen. Ich finde, er hat auch rein äußerlich viel Ähnlichkeit mit mir.« Das sei allerdings

Wunschdenken, meinten die Schwestern des Königs daraufhin einhellig. Ihr Neffe Carl Philip sei viel niedlicher und lange nicht so verzogen und frech!

Königin Silvia erzählt: »Einmal hatte Victoria eine Freundin bei sich, als Carl Philip ins Zimmer kam. Alle drei Kinder spielten zusammen. Die Freundin plapperte unentwegt und sagte plötzlich etwas Dummes zu Carl Philip. Ich glaube, er war damals sechs Jahre alt. Er schwieg einen Augenblick. Dann schaute er sie still an und fragte schließlich, warum sie so etwas gesagt habe. Das war so typisch für meinen kleinen Diplomaten. Er überschaute die Situation und wurde nicht ärgerlich oder fing einen Streit an. Das hätten vielleicht andere Jungs in seiner Situation getan. Auf diese Weise bekam Victorias Freundin vielleicht etwas mit auf den Weg, über das sie nachdenken konnte. Oder auch nicht.«

Prinzessin Madeleine ist das dritte der schwedischen Königskinder. Sie begriff ziemlich schnell, dass sie zwei Geschwister hatte, die älter waren als sie und mehr konnten. Deshalb versuchte sie natürlich stets, den Anschluss zu finden, und das machte sie früh zu einem cleveren jungen Mädchen. Ihr besonderer Freund und Komplize war der schwarze Labrador Charly, einst Silvias Geschenk an ihren königlichen Verehrer. Der Hund war überaus kinderfreundlich und wedelte ununterbrochen mit dem Schwanz, wenn die Prinzessinnen oder der Prinz mit ihm spielten. Victoria und Carl Philip fingen allerdings als kleine Kinder manchmal an zu weinen, wenn der Hund ihnen zu stark ins Gesicht wedelte. Madeleine löste die Situation auf ihre Weise: Sie ergriff einfach Charlys Schweif und hielt ihn fest. Ihre Geschwister waren beeindruckt, wie mutig ihre kleine Schwester war, und clever noch dazu!

Königin Silvia erinnert sich an ihr Nesthäkchen: »Madeleine war ungefähr zwei Jahre alt und saß in ihrem Kinderstuhl. Ich sah, dass sie eine Apfelsine haben wollte, die in einer Schale in der Nähe auf einem Beistelltisch stand. Ganz instinktiv wollte ich sie zuerst für mein Töchterchen holen, das wäre das Einfachste gewesen. Aber ich entschied mich aus einem Impuls heraus dafür zu beobachten, was die Kleine wohl tun würde. Ich sah ihr deutlich an, dass sie einen Entschluss gefasst hatte, und nun war ich auf die Ausführung gespannt. Sie versuchte aus ihrem Kinderstuhl zu klettern. Das war schon einmal nicht so einfach. Aber sie bekam erst das eine Beinchen und dann das andere über die Kante und kletterte hinunter. Daraufhin zog sie den Kinderstuhl hinter sich her zum Beistelltisch, kletterte wieder hinauf, griff sich die Apfelsine und setzte sich wieder gemütlich hin. Sie löste ihr Problem ganz für sich. Ruhig, aber bestimmt. Und sie hatte es geschafft, ihre Mutter ganz schön zu überraschen!«

Es gibt viele schöne Erinnerungen aus der Kindheit und Jugend der schwedischen Königskinder. Heute, im Jahr 2003, sind sie natürlich längst flügge geworden. Kronprinzessin Victoria ist dieses Jahr 26 Jahre alt geworden, ihr Bruder Prinz Carl Philip 24 und die Jüngste, Prinzessin Madeleine, auch schon 21. Wie sehen sie selber ihre Kindheit und Jugend als Königskinder? Die Kronprinzessin erzählt in Liebe: »Mein Vater und meine Mutter waren nicht so viel mit uns Kindern zusammen, wie sie es wohl selbst gerne gewollt hätten. Aber wir hatten zum Glück wunderbare Kindermädchen. Und so kann ich wirklich sagen, dass wir eine gute Kindheit hatten. Vielleicht stellen sich andere Kinder unter einer glücklichen Kindheit mehr Freiheit oder mehr Nestwärme vor. Aber für meine Geschwister und mich war es eine schöne Zeit.«

Weil die Königskinder viel mit Erwachsenen zusammen waren, kamen ihnen Gleichaltrige manchmal kindisch vor. Darum wollten sie zuweilen lieber dem Koch in der Schlossküche beim Backen helfen oder der Floristin beim Blumenbinden, als mit anderen Kindern zu spielen. Aber das war nur eine Phase in ihrem Leben, die natürlich im Familienkreis besprochen wurde. Es war für sie auch eine spannende Zeit, als sie versuchten, die Welt außerhalb des königlichen Palastes zu entdecken.

Kronprinzessin Victoria spricht dabei auch offen und ehrlich Probleme an: »Ich habe mich als Kind nie darüber gewundert, dass meine Spielkameraden nicht in einem Schloss wohnten wie meine Geschwister und ich. Das hatte man uns ja gesagt. Aber ich hatte andere Kinder oft darum beneidet, dass ihre Eltern abends bei ihnen zu Hause waren. Carl Philip, Madeleine und ich wussten ja nie, was unsere Eltern eigentlich machten und warum sie so oft weg waren. Wenn wir sie fragten, wo sie hin wollten, bekamen wir meistens sehr liebevoll die Antwort: ›Wir sind zum

Essen eingeladen.‹ Das fanden wir mit der Zeit merkwürdig. Unsere Eltern konnten doch nicht soo viel essen!«

Victoria und Carl Philip hatten versucht, sich damit abzufinden. Aber Madeleine hatte einen starken Willen und wollte das nicht einfach hinnehmen. Die Kronprinzessin sagt: »Das war nicht so schön. Madeleine versuchte unsere Mutter am Rockzipfel festzuhalten. Ich war ja auch selbst in meinem Innersten verzweifelt. Aber ich habe versucht, meinen kleinen Bruder Carl Philip zu trösten, während das Kindermädchen sich bemühte, Madeleine zu beruhigen. Ja, so war ich als junges Mädchen. Ich habe immer schon versucht, mütterlich zu sein und meine beiden jüngeren Geschwister zu beschützen, wenn es ihnen nicht gut ging.«

Kronprinzessin Victoria hatte oft fast panische Angst davor gehabt, zu spät zu kommen. Wenn zum Beispiel ein Familienfest geplant war oder eine Feier mit Freunden, hatte sie ihre Geschwister schon immer stundenlang davor geweckt. Es gab eine Zeit, da besuchte sie die gleiche Schule wie Carl Philip, in verschiedenen Klassen. Löblicherweise wollte Victoria dafür sorgen, dass weder sie noch ihr Bruder eine Minute des Unterrichts verpassten. Aber Carl Philip fand es absolut nicht lustig, wenn er eine geschlagene Stunde zu früh im Schulhof stand, nur weil Victoria ihn hetzte.

Am Anfang war die Schulzeit für Kronprinzessin Victoria furchtbar. Die Lehrer hatten bei ihr nämlich Legasthenie festgestellt, das ist eine Lese-Rechtschreib-Schwäche. So etwas kommt häufiger vor, als man denken sollte, aber insbesondere für die jungen Betroffenen ist es eine echte Qual, weil sie sich wie Außenseiter vorkommen. Dabei gab und gibt es immer wieder Kinder, die eine ausgeprägte Schwäche im Lesen und Schreiben zeigen. Forscher haben herausgefunden, dass sich von hundert Kindern in Europa etwa fünf Kinder mit Anzeichen von Legasthenie finden.

Aber woran erkennt man diese Anzeichen? Man sagt, wenn die Schulleistungen eines Kindes in fast allen Fächern befriedigend oder sogar gut sind, aber in der Muttersprache Probleme beim Lesen und in der Rechtschreibung auftreten, liegt aller Wahrscheinlichkeit nach eine Legasthenie vor. Dass die schwachen Schreib- und Leseleistungen häufig zusammen mit einer mindestens durchschnittlichen oder auch überdurchschnittlichen Intelligenz auftreten, hat Forscher schon vor hundert Jahren nachdenklich gestimmt und sie veranlasst, den Ursachen dieser Leistungsdiskrepanz auf den Grund zu gehen. Wenn Kinder Wörter unvollständig schreiben, Buchstabenfolgen verdrehen, schwer lesbar schreiben, Klein- und Großschreibung nicht beachten und Texte ohne Punkt und Komma schreiben, kann dies auch ein deutlicher Hinweis auf Legasthenie sein.

Kronprinzessin Victoria hat die Lese- und Schreibschwäche von ihrem Vater König Carl Gustaf geerbt. Auch er ist, wie all seine vier älteren Schwestern, Legastheniker. Über ihren Vater hatten die Schweden früher noch derbe Witze gemacht, wenn es ihm beim Besuch in einer Stadt schwer fiel, seinen Namen »Carl Gustaf« ohne Schreibfehler ins Goldene Buch zu setzen. Erst sehr spät wurde bekannt, dass der heutige König wie rund fünf Prozent der Bevölkerung an dieser Behinderung leidet, die man in Schweden »Wortblindheit« nennt. Erst 1990 wurde Legasthenie in Schweden als Handikap anerkannt, das absolut nichts mit mangelnder Intelligenz zu tun hat, aber sehr wohl ein geschwächtes Selbstvertrauen und psychische Probleme mit sich bringen kann.

Über Victoria lacht niemand mehr. Sie wurde sogar zum Vorbild aller Kinder, die ebenfalls unter einer Lese- und Schreibschwäche litten. Kronprinzessin Victoria gestand ihre Behinderung erstmals öffentlich auf einer Konferenz über Mobbing in der Schule. Sie sagte: »Man hat mir früh klar gemacht, dass das nicht mein Fehler war, wenn die Buchstaben vor meinen Augen tanzten. Und doch fiel es mir schwer, die Wahrheit zu akzeptieren.«

Victoria war in der Klasse sehr beliebt und mochte ihre Kameraden. Aber lernen zu müssen verursachte ihr Angstgefühle. Victoria gestand: »Die Buchstaben hüpften in meinem Kopf hin und her. Ich fühlte mich so dumm. Ich musste immer besonders hart arbeiten, um mit den anderen mithalten zu können. Ich fühlte mich in der Schule wirklich immer als Dümmste. Und das machte mich wütend auf mich selbst. Schließlich nahmen meine Eltern mich von der öffentlichen Schule und schickten mich auf ein privates Gymnasium in Stockholm. Dort kümmerte man sich besonders um die Schwächen einzelner Schülerinnen und Schüler.«

Im Gymnasium begann für Kronprinzessin Victoria der Unterricht jeden Tag damit, eine halbe Stunde lang einzelne Wörter zu buchstabieren. Sie erinnert sich: »Und wenn die Schule aus war und die Schulkameraden in ein Café gingen, eilte ich sofort nach Hause, um meine Hausaufgaben zu machen. Auch heute noch ist Legasthenie für mich ein ewiger Kampf mit den Texten. Aber ich werde diesen Kampf niemals aufgeben. Das Lernen fällt mir heute leichter, vor allem wenn ich es mit Gesprächen und Diskussionen verbinde.«

Auch Walther und Alice Sommerlath machten sich damals in Heidelberg Sorgen um ihre Enkelin Victoria. Aber Königin Silvia konnte ihre Eltern immer wieder beruhigen. Und so flog Alice dann mit gutem Gewissen nach Brasilien, um ihre Geschwister zu besuchen. Ihr Mann Walther blieb in Heidelberg, denn der lange Flug und das Klima waren zu anstrengend für ihn geworden. Vor ihrer Abreise telefonierte ich noch einmal mit Alice Sommerlath, und kurz darauf fand ich in meinem Briefkasten einen ganz lieben handgeschriebenen Brief von ihr. Sie schrieb:

Lieber Herr Loh!

Vielen Dank für Ihre beiden Telefonanrufe und die guten Wünsche. Es ist so schön, wenn man nach längerer Zeit wieder nach Hause kommt und die ganze Familie gesund antrifft. Das bereitet so viel Freude. Kommen Sie doch nach Sao Paulo! Ich würde Ihnen so gern die Stadt zeigen. Hinterher können Sie ja noch nach Rio fahren. Die schönen Mädchen am Strand werden Ihnen Freude machen. Kommen Sie!

Und vergessen Sie Ihren Fotoapparat nicht. Schon jetzt einen guten Flug!
Ihre

Alice de Toledo Sommerlath

Ich dachte ernsthaft über ihre Einladung nach, weil ich dieses interessante Land noch nicht kannte. Aber dann kam mir leider etwas dazwischen.

Königin Silvias Mutter blieb fast zwei Monate in ihrer Heimat, und ich bereute es hinterher doch, dass ich nicht nachgeflogen war. Ich dachte, dass Walther Sommerlath nun doch in Sao Paulo wäre, weil ich ihn in Heidelberg nicht erreichen konnte. Hätte ich gewusst, dass er so krank war, hätte ich ihn selbstverständlich in der Klinik besucht. Später war ich erleichtert, als er mir einen Brief aus Eupen schrieb, wo er sich bei seinem Sohn Ralf und seiner lieben Schwiegertochter Charlotte, innerhalb der Familie nur Charly genannt, erholte. Walther Sommerlath schrieb:

Lieber Herr Loh!
Ich hätte mich gern bei Ihnen gemeldet, aber leider fühlte ich mich gar nicht gut. Zuerst war ich während einiger Wochen in Heidelberger Kliniken und dann 14 Tage lang in der Schwarzwaldklinik (Filiale des Brenner Palace Hotels in Baden-Baden), wo es mir schon besser ging. Und jetzt bin ich seit 12 Tagen bei Ralf und Charly in Eupen, die mich wirklich gut pflegen.

Charly macht mit mir sogar gymnastische Übungen im Schwimmbad, die mir sehr gut tun. Sobald Alice aus Sao Paulo zurückkommt, werden wir dann nach Heidelberg zurückkehren, wo ich ganz zu genesen hoffe. Aber mir wird die große Hilfe von Charly und ihrer ganzen Familie sehr fehlen. Ich wünsche Ihnen alles Gute, lieber Herr Loh!

Ihr Sommerlath

Als Alice Sommerlath bestens gelaunt aus Brasilien zurückkam, schien sich Walther zur Erleichterung seiner Familie endgültig zu erholen.

Schwedens Königsfamilie wurde im Laufe der Jahre immer mehr zum Vorbild für ihre Landsleute. Große Teile der Bevölkerung waren stolz auf ihre so genannte »erste« Familie, deren Geschicke nun schon fast seit Jahrzehnten von der nationalen und internationalen Presse mit großem Interesse verfolgt wurden. Wenn man aber wie Königin Silvia vom Glück verwöhnt ist, dann treffen Schicksalsschläge besonders schwer, das ist nur menschlich. Umso bedrückender war es für Königin Silvia, dass immer häufiger ihre Mama Alice anrief und klagte: »Papa geht es wieder so schlecht. Das Herz!«

Die Königin flog regelmäßig nach Deutschland, um bei ihrem kranken Vater in Heidelberg zu sein, und die Besuche seines geliebten Kätzchens richteten ihn immer wieder auf. Mitunter konnte Silvia sogar alle Termine verschieben und drei Wochen hintereinander an seinem Krankenbett bleiben. Für eine Monarchin mit strengen Vorschriften eine schier unglaubliche Leistung. Aber Silvia war nicht allein. Ihr Mann, König Carl Gustaf, ließ ihr vollkommen freie Hand und übernahm sogar einige ihrer offiziellen Pflichten mit, damit sie bei ihrem Vater sein konnte.

Aber all die Liebe und Zuwendung von seinem Kätzchen halfen nicht mehr. Am 21. Oktober 1990 schlief Walther Sommerlath im Alter von 89 Jahren mit einem Lächeln auf den Lippen friedlich ein. Ich war damals sehr traurig, denn ich hatte einen geliebten großväterlichen Freund verloren. Merkwürdig, dachte ich später, was es manchmal für Zufälle gibt. Einen Tag nach Walther Sommerlaths Tod saß ich am späten Abend zu Hause an meinem Schreibtisch und schrieb Alice Sommerlath einen Brief. Auf dem Wandregal vor mir turnte mein geliebter Graupapagei Chico. Plötzlich hörte ich ein Geräusch, das mich erschaudern ließ. Es klang wie das Geräusch der stählernen Visitenkarte von Walther Sommerlath, wenn man sie zwischen zwei Finger nahm und damit wedelte. Und in der Tat, es war die Visitenkarte! Chico hatte sie ausgerechnet jetzt vom oberen Regal aus vielen anderen Visitenkarten herausgefischt und mit seinem großen schwarzen Schnabel hin und her bewegt. So nahmen wir an diesem Abend noch einmal Abschied von einem wunderbaren Menschen.

Silvia und ihre Brüder kauften für die Bestattung ein Familiengrab in Heidelberg. Am Tag der Beerdigung war Alice Sommerlath sehr tapfer, trotz des ungeheuren Verlustes, den sie gerade erlitten hatte. Eingehakt zwischen ihrer

Tochter und ihrem Schwiegersohn folgte sie dem Sarg. Am offenen Grab liefen die Tränen ihre Wangen hinunter. Sie legte ihre Hand ganz langsam auf die Lippen und warf ihrem Mann einen letzten Handkuss zu. Sie waren 65 Jahre glücklich verheiratet gewesen, und ihr Schmerz war schier unerträglich. Ohne den Rückhalt ihrer Familie hätte sie diesen Tag kaum überstehen können.

Alice Sommerlath hielt es allein in der Heidelberger Wohnung nicht mehr aus. Alles erinnerte sie so schmerzlich an den geliebten Ehemann. Und so stimmte sie einem Vorschlag ihrer Kinder zu. Sie zog abwechselnd jeweils drei Monate zu ihren Söhnen nach Belgien, Italien und Deutschland und zu ihrer Tochter nach Schweden. Dort freuten sich die Enkelkinder, ihre Omi auch mal ganz allein für sich zu haben.

Victoria war sich schon früh klar darüber, dass sie als Kronprinzessin mehr und andere Aufgaben auszuüben hatte als ihre Geschwister. Im Alter von fünfzehn Jahren wurden ihr bereits offizielle Pflichten übertragen. Sie empfand die öffentlichen Auftritte oft als belastend und ermüdend.

Die Thronfolgerin erinnert sich: »Meine Mutter hat mich gelehrt, dass auch Pflichten Spaß machen können. Sie sagte, es käme dabei auf die innere Einstellung an. Man kann immer und überall so viel Vergnügen an einer Aufgabe empfinden, wie man sich selbst zugesteht, und das war ein sehr kluger Rat. Sie meinte damit nämlich auch die vielen Reden, die man bei offiziellen Anlässen zu hören

Feierliche Ansprache im Reichstag:
Kronprinzessin Victoria wird an ihrem 18. Geburtstag
zur Thronfolgerin vereidigt

bekommt. Es sind nun einmal nicht alle Redner in gleichem Maße begabt. Meine Mutter sagte, ich sollte von der Art der Rede, von der Rhetorik abstrahieren und mich auf den reinen Inhalt des Gesagten konzentrieren. Dann würde es leicht fallen, zuzuhören und zu verstehen. Dieser Rat war natürlich nicht leicht umzusetzen für eine Fünfzehnjährige. Aber ich habe es dennoch verstanden.«

Auch an das berühmte »Bad in der Menge« musste sich Victoria erst noch gewöhnen. Sie erinnert sich: »Anfangs fand ich es anstrengend und ein bisschen komisch, immer herumzugehen und den Leuten hoheitsvoll zuzuwinken. Aber auch hier gab mir meine Mutter einen guten Rat: Ich solle es als etwas Positives auffassen. Ich solle versuchen, mit dem Winken auszudrücken, dass ich den anderen bemerkt hatte und dass es mich freute, ihn zu sehen.«

Kronprinzessin Victoria bezeichnet sich als ein Symbol Schwedens. Und das im positivsten Sinne des Wortes. Sie sagt: »Ich glaube, dass es für einen Erwachsenen schwer ist, sich in der Rolle eines Symbols zurechtfinden zu müssen. Das erfordert ein enormes Maß an Selbstkontrolle und Selbstbeherrschung, so dass es manchmal geradezu beängstigend ist. Ich bin heute froh darüber, dass ich in diese königlichen Verhältnisse hineingeboren worden bin, denn das Erlernen dieser Rolle ist ungleich schwerer. Wie meiner Mutter das gelungen ist, ist eigentlich eine unglaubliche Leistung. Sie hat ihr eigenes Leben zurückgelassen, um für den Rest ihres Lebens rund um die Uhr ein Teil des Symbols zu sein. Das kann nur glücklich machen, wenn man in seinem Innersten wirklich dazu bereit ist und wenn man wirklich liebt. Und meine Mutter liebt meinen Vater wirklich, und sie liebt auch unser Land. Ich bin sehr stolz auf sie.«

Als Kronprinzessin Victoria volljährig wurde, verwandelte sich das pummelige Mädchen in eine extrem dünne junge Frau. Königin Silvia und König Carl Gustaf machten den Spekulationen in den Zeitungen ein Ende und bekannten öffentlich, dass ihre Tochter an Essstörungen leidet. Victoria kann heute offen darüber reden: »Es gab in meinem Leben eine Periode, in der ich mir sehr verloren vorkam. Ich wusste nicht, wie ich meine beiden Existenzen miteinander verknüpfen sollte. Als Mensch Victoria fühlte ich mich gut, aber als Kronprinzessin befand ich mich nicht im Einklang mit mir selbst. Ich fühlte mich wie in einem Zug, der mit immer größerer Geschwindigkeit einen Abhang hinabfuhr. Ich hatte Essstörungen, und ich wusste das ganz genau. Gleichzeitig war da eine große Angst. Ich hasste mein Aussehen und das Gefühl, dass mein ganzes Leben und alles um mich herum von allen anderen außer mir selbst kontrolliert wurde. Das Einzige, was ich steuern konnte, war das Essen, das ich in mich hineinstopfte. Ich weiß, wie ich damals aussah, es war furchtbar. Auch heute noch ist es schwer zu erklären, warum ich damals so handelte. Ich kann nur sagen: Die Kontrolle über das Essen war das Einzige, was mir noch geblieben war. Es war meine Art, mit der schrecklichen Angst fertig zu werden.«

Victoria ging nach Amerika, um Abstand von der Lebenssituation zu finden, in der sie sich damals befunden hat. Sie erzählt: »Während meines USA-Aufenthaltes lernte ich, wie ich meine beiden unterschiedlichen Existenzen, mein Privatleben und meine öffentliche Rolle, miteinander verknüpfen konnte. Und nach und nach verschwand ein großer Teil meiner Lebensangst. Heute empfinde ich es so, dass ich mich nach langem Suchen selbst gefunden habe. Victoria und die Kronprinzessin befinden sich nicht mehr im Wettstreit miteinander. Eigentlich bin ich dankbar dafür, dass sich diese Krise so früh in mein Leben schlich. Sie hätte ja auch später eintreten können, aber jetzt habe ich diese Erfahrung bereits gemacht und kann daraus lernen, obwohl es mich viel Substanz gekostet hat. Ich hatte die Zeche ganz allein zu bezahlen. Heute kann ich sagen, dass ich ein glücklicher Mensch bin.«

Königin Silvia hatte inständig gehofft, dass ihre Mutter Alice Sommerlath einen schönen Lebensabend haben durfte. Alles, was liebende Menschen dazu beitragen konnten, wollten sie und ihre drei Brüder tun. Aber das Schicksal hatte die Karten anders gemischt.

Alice Sommerlath begann sich im Laufe ihrer Jahre als Witwe zu verändern. Die Lebensfreude verschwand, und es schlich sich eine Ungeduld darüber ein, dass alles, was sie machte, irgendwie schief ging. Alice Sommerlath war immer ein lebenslustiger, temperamentvoller Mensch gewesen und nun über ihre Veränderung sehr verzweifelt und irritiert. Ihr war die ganze Zeit bewusst, dass etwas nicht so war, wie es sein sollte. Aber was war das? Und warum quälte es sie?

Die Antwort auf ihre Fragen war wie ein Schlag und veränderte alles: Alice litt an Demenz.

Demenz – eine Diagnose, die bei Betroffenen und Angehörigen gleichermaßen Erschrecken auslöst. Eine verständliche Reaktion, denn die Krankheit berührt den Menschen in seinem Innersten, in seiner Persönlichkeit. Sie lässt die Vergangenheit verlöschen, zerstört die Orientierung in der Gegenwart und nimmt die Aussicht auf eine gute Zukunft. Demenz gehört zu den gefürchtetsten Diagnosen überhaupt. Aber Angst, Unwissenheit und Panik sind schlechte Ratgeber. Jeder, der mit Demenz zu tun hat, sollte sich möglichst gut informieren, denn es gibt zwar keine Heilung, aber heutzutage lässt sich mit moderner Medizin und guter Betreuung das Fortschreiten der Erkrankung manchmal aufhalten.

An Demenz leiden in Deutschland heute etwa 1,2 Millionen Menschen. Leider ist die Tendenz steigend. Weil in unserer Gesellschaft der Anteil älterer Mitbürger zunehmen wird, erwartet man logischerweise auch eine Zunahme an Demenzkranken. Um den Betroffenen so viel Lebensqualität wie möglich zu erhalten, kommt es sehr stark auf die richtige Betreuung und Pflege an. Es hilft, wenn man als Ehefrau, Ehemann, Sohn oder Tochter immer wieder versucht, sich in den Patienten hineinzuversetzen: Stellen Sie sich vor, man setzt Sie mutterseelenallein in einer chinesischen Kleinstadt aus, wo Sie weder die Sprache kennen noch irgendetwas lesen können. Überall stoßen Sie auf unverständliche Gebräuche wie das Essen mit Stäbchen und vieles andere mehr. Und was das Schlimmste ist: Ständig treffen Sie auf Menschen, die auf Sie einreden, dabei so tun, als ob sie Sie schon lange kennen würden, und von Ihnen erwarten, dass Sie über sämtliche Dinge Bescheid wüssten. Sie können sich aber partout nicht mehr erinnern, und dass Sie es nicht können, erleben Sie auch noch bewusst. Wie wichtig ist da ein vertrautes Umfeld und wohlwollende, liebende Menschen.

Königin Silvia fand Hilfe bei der schwedischen Professorin Barbro Beck-Friis, die für ihre Erforschung und Behandlung der Demenz mehrfach ausgezeichnet wurde. Sie stellte bei Alice Sommerlath fest, dass nach mehreren kleinen Hirnschlägen Teile des Gehirns abgestorben waren. Alice Sommerlath konnte ihr Leben nicht mehr allein organisieren, und daraufhin holte Königin Silvia ihre Mutter nach Schloss Drottningholm. Gemeinsam mit ihren Brüdern richtete sie der geliebten Mama mit allen Heidelberger Möbeln eine Wohnung ein. Sie glich fast haargenau ihrer gewohnten Umgebung, als ihr Mann noch lebte.

Die schwedische Journalistin Britt Peruzzi von der Tageszeitung *Aftonbladet* hatte zu der Zeit ein Buch über Demenzkranke veröffentlicht, das den Titel *Valle, Oma und die Vanillesoße* trug. Königin Silvia schrieb ein Vorwort für dieses Buch, in Form eines Märchens, das den Menschen die Krankheit näher bringen soll. Es kann eine große Hilfe für alle darstellen, die sich der Situation ihrer Angehörigen hilflos ausgesetzt fühlen.

Am Anfang ihrer Zeit auf Schloss Drottningholm nahm Alice Sommerlath noch an Feierlichkeiten im Schloss teil.

Es waren eher private Feste. Trotzdem sprach Königin Silvia offen darüber. Sie sagt:

»Ich glaube, ich teilte die Angst und die Verzweiflung mit vielen Angehörigen von Familienmitgliedern, die an Demenz leiden. Ich wusste darüber am Anfang ja so wenig. Aber das, was ich dann erlebte, hat mich erschüttert. Einmal schaute Mama meinen Mann an und sagte: ›Ich glaube, wir sind uns noch nicht vorgestellt worden!‹ An diesem Abend begrüßte sie meinen Mann insgesamt fünf Mal.«

Königin Silvia war irritiert, weil ihre so milde und liebe Mutter plötzlich aggressiv wurde. Dann entdeckte sie, dass Alice siebzehn verschiedene Medikamente nahm. Siebzehn! Kein Wunder also, dass es zu allerhand Neben- und Querwirkungen kam. Königin Silvia dazu: »Das waren alle möglichen Pillen. Beruhigende, aber auch belebende Präparate gegen Durchblutungsstörungen. Es war ein ganzes Potpourri von Medikamenten. Mama tat mir auf einmal unheimlich Leid. Weil sie so viele beruhigende Medikamente bekam, fand ich, dass man sie irgendwie eines Teils ihres Lebens beraubte. Sie war immer müde, und es machte eine Menge Arbeit, sie überhaupt dazu zu bewegen, aus dem Bett aufzustehen.«

Nach Gesprächen mit schwedischen Spezialisten wurde die Anzahl der Medikamente langsam und sehr vorsichtig reduziert. Und das Resultat war schon nach drei Wochen zu sehen. Aber leider wurde Alice Sommerlath nicht mehr vollständig gesund. Die königliche Familie musste lernen, mit dieser Krankheit umzugehen, allen voran natürlich Königin Silvia. Sie gab sich unendlich viel Mühe, um alles über die Krankheit zu erfahren. Sie wollte helfen und konnte noch nicht ahnen, was für ein langer Weg vor ihr lag. Sie erkundigte sich bei den besten Ärzten der Welt und sammelte jede Information, die sie über die Demenz-Krankheit bekommen konnte. Sie verschlang jedes Buch, jeden Artikel in Fachzeitschriften. Irgendwie musste es ihr doch gelingen, sich ein genaueres Bild zu machen.

Einige Wochen später besuchte Königin Silvia ein Altenheim in der Nähe von Stockholm. Sie führte dort ein kurzes Gespräch mit einer alten Dame, das sie nie vergessen wird, denn diese Patientin war wie ihre Mutter Alice an Demenz erkrankt und fragte Silvia sehr ruhig und freundlich, wo sie denn arbeite.

»Im Schloss«, antwortete Silvia.

»Aha, dann sehen Sie ja ab und zu den König«, sagte die Dame.

»Ja, das ist richtig.«

»Treffen Sie ab und zu auch die Königin?«

Silvia nickte.

Königin Silvia biss sich mit den Zähnen auf die Unterlippe, als sie sich dieses Treffen in Erinnerung rief. Sie atmete tief durch und erzählte: »Einen kurzen Augenblick dachte ich darüber nach, ihr zu sagen, wer ich war. Aber dann dachte ich sofort: Warum? Wozu sollte das gut sein? Sie war glücklich, so wie sie war. Ich glaube, viele Familienangehörige sollten sich dazu zwingen, nicht immer alles richtig zu stellen. Die demente Person wird dann nur traurig, und es führt ja auch zu nichts. Es ist doch auch völlig egal, ob irgendetwas an einem Donnerstag oder an einem Freitag passiert ist. Das spielt doch keine Rolle.«

Ganz vorsichtig versuchte Königin Silvia bei ihrer Mutter herauszufinden, woran sie sich erinnern konnte. Welche Dinge für sie von Bedeutung waren. Ein Gedicht aus der Kindheit? Ein Fotoalbum? Silvia nahm Fotoalben von früher und schrieb die Namen ihrer Brüder, Onkel, Tanten und Kinder unter die Fotos. Das könnte vielleicht helfen. So hatte man es ihr jedenfalls gesagt. Sie sprach mit ihrer Mutter über Brasilien, ihre Jugendzeit. Die Kaffeeplantage, Freundinnen von früher, Sonnenuntergänge in Sao Paulo.

Leider war es für derartige Erinnerungen bereits zu spät. Der Schleier des Vergessens hatte Alice fast vollständig eingehüllt, und es gab kein Entrinnen mehr. Königin Silvia: »Mama sagte zu mir: Ich weiß nicht, was um mich herum passiert. Aber ich weiß, dass ich mein Leben vergessen habe.« Dieser tragische Satz drückte unumwunden die ganze harte Realität ihrer Krankheit aus. Silvia nahm ihre Mutter in den Arm. Sie schaute ihr in die braunen Augen, die früher immer so schön gefunkelt hatten und die so unendlich viel sagen konnten. Heute schauten diese Augen trüben Blickes in die Ferne, in die Leere. Nur manchmal, für eine Sekunde, glaubte Silvia noch ein Lächeln in den Augen der Mutter zu sehen. Aber dann schaute Alice Sommerlath auf den blauen Teppich und suchte Zuflucht in den Armen der Tochter. Was Silvia zu diesem Zeitpunkt nicht wusste: Dunkle Teppiche oder auch Treppen sind etwas Erschreckendes für Demenzkranke. Sie betrachten sie als ein großes schwarzes Loch, über das hinwegzugehen für sie vollkommen undenkbar wäre.

Die Königin gründete bald darauf das *Silviahemmet* (Silviaheim). Es liegt nur einen Steinwurf von Schloss Drottningholm entfernt. Dort werden Demenzkranke mit größter Liebe versorgt und fachmännisch betreut. Denn es ist wichtig, dass diese Menschen nicht allein gelassen werden. In einer einjährigen Ausbildung lernen junge Mädchen, wie sie Demenzpatienten helfen können. Diese Erfahrung tragen sie ins ganze Land hinaus und nennen sich daher die Silvia-Schwestern. Sie sind Menschen, die Menschen helfen wollen.

Alice Sommerlath starb am 9. März 1997 an einem sonnigen Frühlingsmorgen im Alter von 90 Jahren. Silvia war bei ihr, als sie für immer die Augen schloss, und hielt ihre Hand. Und sie hoffte, dass ihre Mutter jetzt dorthin gehen würde, wohin sie sich die letzten Jahre immer gesehnt hatte. Heim. Nicht nach Brasilien. Heim zu ihrem Mann Walther.

Wenn man sich jahrelang so intensiv mit einer Krankheit wie Demenz beschäftigen muss – fragt man sich dann hin und wieder, ob man eines Tages wohl selbst davon betroffen sein wird?

»Natürlich bin ich deswegen in mich gegangen«, sagte die Königin ruhig, besonnen, aber auch nachdenklich. Und sie fügte hinzu: »Ich denke aber auch, unser Leben ist ein fantastisches Geschenk. Man sollte nicht so häufig nach der Zukunft fragen. Man soll Vertrauen haben.«

7

World Childhood Foundation

»Wir sind sterblich, wo wir lieblos sind.
Unsterblich, wo wir lieben«

Königin Silvia und ihre Familie sind in den vergangenen Jahren oft Freiwild für bestimmte Paparazzi und Reporter gewesen. Sie wurden zwar nicht so schlimm gejagt wie Prinzessin Dianas Söhne Prinz William und Prinz Harry in Großbritannien und auch nicht auf Schritt und Tritt verfolgt wie Prinzessin Caroline von Monaco und ihr Mann Prinz Ernst August von Hannover. Dennoch gibt es Titelbilder mit Schlagzeilen, die die schwedische Königsfamilie kränken und verletzen. Zum Beispiel: *Königin Silvias Ehe am Ende! Jetzt kommt der schmutzige Scheidungskrieg*, oder: *Prinzessin Madeleine und Prinz William müssen heiraten: Ein Baby ist unterwegs!* Oder auch: *Arme Kronprinzessin Victoria! Die Magersucht ist zurückgekommen!*

Was unternimmt der schwedische Hof gegen solche Berichterstattung?

Königin Silvia: »Es trifft mich, und es tut mir weh, wenn ich weiß, dass da Menschen zu Hause auf dem Sofa sitzen, so etwas lesen und es dann vielleicht auch noch glauben.

Ich möchte nicht, dass man wegen solcher Lügen Mitleid mit mir, meinem Mann und meinen Kindern hat. Aber Gegendarstellungen sind heikel: Dementieren wir, geben wir einer Sache Gewicht. Dementieren wir nicht, hängt uns das Gerücht ewig nach, weil es in die Archive wandert und immer wieder aufgewärmt wird. Das ist sehr schade. Hinzu kommt, dass die meisten Menschen, die solche verantwortungslosen Lügengeschichten in die Welt setzen, uns gar nicht kennen.«

Außerhalb Schwedens wissen nur wenige, vielleicht nur ein paar treue Fans, was Königin Silvia für andere Menschen geleistet hat und ständig leistet. Es gibt sogar Leute, die glauben, Silvia sei ständig nur mit ihrem königlichen Mann auf Reisen, feiere fröhlich auf Galadiners, nehme strahlend lächelnd Blumen entgegen und schneide immerzu mit goldenen Scheren Bänder durch.

Weit gefehlt. Wenn Silvia keine öffentlichen Termine hat, sitzt sie acht bis zwölf Stunden in ihrem Arbeitszimmer und koordiniert ihre Aufgaben für die verschiedensten Organisationen. Sie hat ein Herz und ein offenes Ohr für alle hilfsbedürftigen Menschen, engagiert sich mit aller Kraft für Projekte, von denen sie überzeugt ist. Um dieses außergewöhnliche Engagement zu würdigen, ist dies Kapitel der ehrenamtlichen Arbeit Königin Silvias gewidmet.

Zu Recht ist Königin Silvia von Schweden schon oft geehrt und ausgezeichnet worden, insbesondere für ihr starkes Engagement für Behinderte. Sie hat immer noch den Vorsitz im »Königlichen Hochzeitsfonds«, der Forschungen auf dem Gebiet des Behindertensports für Jugendliche unterstützt. Wie sich die geneigten Leser erinnern, hatten sie und ihr Mann Carl Gustaf sich im Jahr ihrer Hochzeit 1976 dafür entschieden, ihre Geldgeschenke für diesen Zweck einzusetzen. Besonders stolz ist Silvia auf ihre Funktion als Präsidentin des »Königin Silvia Jubiläumsfonds«, der Gelder für Forschungsprojekte vergibt, die behinderte Kinder betreffen. Dank der Initiative und des Engagements der Königin wurde in den 90er Jahren ein Buch mit dem Titel »Comeback – Sport für Behinderte« in schwedischer, deutscher, englischer und spanischer Sprache herausgegeben. Ziel des Buches war es, weltweit Sportfunktionäre und Freizeitveranstalter stärker für jugendliche Behinderte zu interessieren.

Die Königin hat außerdem die Zeichensprache gelernt, um sich besser mit Hörgeschädigten verständigen zu können. Die ganze schwedische Nation war gerührt, als Königin Silvia einmal im Fernsehen eine kleine Weihnachtsbotschaft in der Sprache der Taubstummen verkündete.

Neben vielen schwedischen Auszeichnungen erhielt sie im Jahre 1990 den Deutschen Kulturpreis in Anerkennung für ihren unermüdlichen Einsatz für behinderte Menschen.

Seit der Gründung im Jahre 1994 ist Königin Silvia Ehrenmitglied der internationalen Stiftung »Mentor«, deren Zielsetzung es ist, präventive Maßnahmen gegen den Missbrauch von Drogen zu unterstützen.

Auf Initiative der Königin und dank ihres starken Engagements wurde das »Silviahemmet« in Drottningholm errichtet. Wie erwähnt, wird dort Krankenpflegepersonal für Demenzkranke ausgebildet.

Im Rahmen ihres weltweiten Einsatzes für die Rechte der Kinder in der Gesellschaft nimmt Königin Silvia sowohl in Schweden als auch im Ausland an Konferenzen und Seminaren teil. Sie engagiert sich mit größtem Einsatz und in vielfältiger Hinsicht dafür, Kinder vor sexueller oder gesellschaftlicher Ausbeutung zu schützen. Die Königin war nicht zuletzt deswegen die Schirmherrin des ersten Weltkongresses gegen die kommerzielle und sexuelle Ausbeutung von Kindern im Jahre 1996 in Stockholm. Für ihren Einsatz auf diesem Gebiet erhielt sie »The Chancellor's Medal« der University of Massachusetts in Boston, USA.

Königin Silvia ist Ehrenmitglied in einer Anzahl von Organisationen und Vereinigungen, wie etwa im »Svenska Friidrottsförbundet (Leichtathletikverband), im »Barncancerfonden« (Kinderkrebsfonds) und nicht zuletzt im »Rädda Barnens Riksforbund (Schwedische Gesellschaft zur Kinderrettung).

Im Mai 1990 wurde Königin Silvia die Ehrendoktorwürde der Abo Universität in Finnland verliehen. Es folgten im April 1993 die Ernennung zum Ehrendoktor des Karolinska Instituts in Stockholm und im Juni 1994 die Verleihung der Ehrendoktorwürde für Medizin durch die Universität in Linköping, Schweden. 1999 erhielt sie die Ehrendoktorwürde der Universität Göteborg, Schweden. Und 2002 wurde sie in ihrer alten Heimat für ihren unermüdlichen

Einsatz für notleidende Kinder mit dem »Deutschen Medienpreis« in Baden-Baden ausgezeichnet.

Königin Silvia ist Schirmherrin von insgesamt 62 Vereinigungen, aber am meisten liegt ihr die Organisation am Herzen, die sie selbst im März 1999 ins Leben gerufen hat: die *World Childhood Foundation*. Wörtlich übersetzt heißt das »Welt-Kindheits-Stiftung«. Diese Stiftung hat sich den internationalen Kinderschutz auf die Fahnen geschrieben, und wie es zu der Gründung kam, erzählt die folgende Episode:

Königin Silvia und König Carl Gustaf waren auf offiziellem Staatsbesuch in Brasilien. Jeder kann sich vorstellen, welch ein Triumphzug diese Reise war. Schließlich hatte Silvia einen Teil ihrer Kindheit dort verbracht, und die Brasilianer bezeichnen sie deswegen auch als ihre Königin. Wer kann ihnen das verdenken? Schließlich bezeichnen wir Deutsche sie ja auch ein bisschen als unsere Königin, nicht wahr?

Silvia wollte ihrem Mann während dieser Reise nicht nur die Schönheiten des Landes zeigen. Sie wollte ihm auch die Schattenseiten zeigen und mit ihm gemeinsam die Orte der Armut besuchen.

In einem kleinen Dorf erblickten sie am schmutzigen Straßenrand einen kleinen Jungen in einem Pappkarton. Der Junge war knapp sechs Jahre alt und hatte ein paar Sachen in dem Karton verstaut.

Silvia fragte ihn auf Portugiesisch: »Was machst du da?«

Und der kleine Junge antwortete: »Das ist mein Zuhause, hier lebe ich.«

Die Königin blickte mit bestürzter Miene zu ihrem Mann auf und übersetzte.

Carl Gustaf war zutiefst erschüttert.

Als das Flugzeug mit den Staatsgästen wieder abhob, brach ein tropischer Regen aus. Die Himmelsschleusen öffneten sich und setzten binnen Minuten alles unter Wasser.

Königin Silvia: »Da musste ich dauernd an den kleinen Jungen in dem Pappkarton denken. Ich fragte mich besorgt, wie es ihm wohl ginge und was er nun tun würde. Mir kamen die Tränen, und ich wusste in dieser Sekunde, dass ich alles, aber auch alles versuchen wollte, um das Leid der Kinder auf der ganzen Welt zu lindern.«

Silvia gründete die *World Childhood Foundation* und schrieb in das Eröffnungsdokument: »Es ist ein Privileg für mich, dass ich Schweden bei Reisen im Ausland repräsentieren darf. Die Staatsbesuche und auch die weniger offiziellen Fahrten sind von großer Bedeutung für die Stiftung. Ich versuche überall, möglichst viel von der Wirklichkeit zu erfahren, besonders von der Situation der Kinder. Zu meinem Kummer habe ich alarmierende Entwicklungen beobachtet. Und das war einer der Gründe, warum ich diese Stiftung ins Leben gerufen habe. Ihr Ziel ist es, sich für das Recht eines jeden Kindes auf seine Kindheit einzusetzen. Wir müssen die extreme materielle, soziale und emotionale Armut bekämpfen, in der sie leben. Die *World*

Childhood Foundation will Kapital dafür einwerben, und ich werde mich persönlich daran beteiligen. Ich danke den Menschen, die sich mir anschließen, um den am meisten verwundbaren Menschen dieser Welt, den Kindern, zu helfen.«

Unterzeichnet hatte die Königin dieses Dokument damals mit »Silvia, Königin von Schweden und Mutter von drei Kindern«.

Gerade angesichts der Not der Kinder, die sie bei ihren Reisen auf allen Kontinenten wahrgenommen hatte, ist sie dem Himmel dankbar dafür, dass ihre eigenen drei Kinder in derart privilegierten Verhältnissen aufwachsen dürfen.

Die Aufgaben von *Childhood*, wie Königin Silvia ihre Organisation in Kurzform nennt, sind schlicht, die Ziele hoch gesteckt, aber dennoch Schritt für Schritt zu erreichen:

Jedes Kind hat das Recht auf eine sorglose und erfüllte Kindheit. Auf Sicherheit, Freude, Verspieltheit und Neugier auf das Leben. Und das Recht, behütet heranzuwachsen, sich sozial und geistig zu entwickeln. Viele Kinder werden dieser grundlegendsten Rechte beraubt. Sie werden vernachlässigt, verlassen, gedemütigt und in vielerlei Hinsicht missbraucht. Sie haben keine Chance auf ein Leben in Würde und Anstand, auf Ausbildung und Sicherheit. Dies will *Childhood* nicht zulassen.

Internationale Menschenrechtskommissionen schätzen die Zahl der Straßenkinder in den großen Städten der Welt auf circa zehn Millionen. Jedes Jahr laufen Tausende von

Kindern von zu Hause weg oder werden entführt. Viele von ihnen fallen sexueller Ausbeutung oder anderen Verbrechen zum Opfer.

Königin Silvia hat es sich durch *Childhood* zur Aufgabe gemacht, für die Rechte der Kinder auf eine sichere Kindheit einzutreten. Sich für bessere Lebensbedingungen gefährdeter Kinder in aller Welt einzusetzen und ihnen die Möglichkeit zu geben, sich zu selbstbewussten, selbständigen und verantwortungsvollen Menschen zu entwickeln.

Gemeinsam mit *Childhood* sucht, prüft und unterstützt Königin Silvia Projekte in der ganzen Welt, die dieser Zielsetzung dienen. Sie bemüht sich aktiv, öffentliches Interesse für die Rechte der Kinder zu wecken und Politik, Wirtschaft und Gesellschaft damit zu konfrontieren. Die Kinderorganisation leistet finanzielle Beiträge und fördert zum Beispiel Waisenhäuser, Tagesstätten, Schulen und Krankenhäuser. Königin Silvias Kinderstiftung arbeitet eng mit schwedischen und internationalen Hilfsorganisationen zusammen, um die optimale Hilfe zu gewährleisten, und bittet auch Unternehmen, Verbände und andere Organisationen um Unterstützung. Darüber hinaus geht es Königin Silvia darum, alle Menschen für die Bedeutung der Rechte eines jeden Kindes zu sensibilisieren.

Ende 2001 begleitete der bekannte deutsche Fernsehjournalist Rolf Seelmann-Eggebert die Königin im Auftrag des NDR bei einer Projektreise durch Brasilien. Was ihn am meisten beeindruckte, war eine kleine Szene, die sich in dem Städtchen Nazaré da Mata abspielte, 40 Autominuten von Recife entfernt. Dort unterstützt *Childhood* ein Projekt, das sich um in Not geratene Mütter und Kinder kümmert.

Ein Junge, vielleicht acht Jahre alt, hatte den Auftrag, Königin Silvia und das TV-Team in das Häuschen seiner Mutter Dona Maria zu führen. Erst sah es so aus, als wollte man der Königin dort eine Erfolgsgeschichte präsentieren. Immerhin hatte Dona Maria, Mutter von sechs Kindern, jetzt ein festes Dach über dem Kopf, während sie sich früher mit einer löchrigen Plane gegen die tropischen Regengüsse schützen musste.

Plötzlich fing Dona Maria aber an, herzzerreißend zu schluchzen: »Heute habe ich wieder kein Essen für die Kinder. Bloß gut, dass sie bei den Projektleuten etwas zu essen bekommen.«

Die Kamera hielt fest, wie die Königin ganz einfach auf Dona Maria zuging, sie umarmte und zu trösten versuchte. Als sie sich zehn Minuten später von ihr verabschiedete, sagte die Königin: »Sie sind eine gute Mutter, Dona Maria.«

Nichts von alledem war aufgesetzt oder distanziert. Hier redeten zwei Mütter miteinander. Auch wenn ihnen das Schicksal sehr unterschiedliche Lebensbedingungen beschieden hatte, spielten Begriffe wie Herkunft und Stand plötzlich gar keine Rolle mehr.

Königin Silvia hat in Brasilien viele Familien besucht, und zwar sehr häufig ohne Kameras und Reporter. In diesen Augenblicken will sie einfach nur Mensch sein und helfen. Sie begleitete verzweifelte Eltern zur Beerdigung ihrer Kinder, die verhungert waren. Sie nahm die weinenden Mütter in die Arme und ging mit ihnen Hand in Hand durch ein Meer von Schmerz.

Inzwischen unterstützt *Childhood* rund 30 Projekte für arme, verwaiste, missbrauchte, süchtige oder eingesperrte Kinder in Brasilien, Russland, Estland, Lettland, Amerika, Ecuador und Schweden. Das definierte Ziel ist es, Kindern, die ihre Kindheit verloren haben, ein Stück davon zurückzugeben.

Manchmal spricht Königin Silvia wie jemand, den die Grausamkeiten des Alltags ins Mark treffen. Jedes Lächeln verschwindet aus ihrem Gesicht, wenn sie mit fester Stimme anklagt: »Manche Kinder müssen leben wie Ratten!« Und die große Ungerechtigkeit, die es zu bekämpfen gilt, baut sich vor ihr auf wie eine riesige Woge des Elends, die bedrohlich auf sie zurollt. Sie weiß, dass sie nicht allen helfen kann. Aber ihre Philosophie lautet, dass man irgendwo einmal anfangen muss, dass man nur dann Erfolge sehen kann – auch wenn sie klein sind.

Da ist zum Beispiel jene Geschichte von einem Straßenjungen in Brasilien, der jahrelang die ganze Nachbarschaft tyrannisierte. Heute hilft er dank der Stiftung anderen Straßenkindern, dem Teufelskreis von Armut und mangelnder Bildung zu entfliehen.

Eindringlich schilderte Königin Silvia auch ihren Besuch in einem Gefängnis in Sankt Petersburg: »20 bis 25 Menschen teilen sich hier eine Zelle. Hunderte jugendlicher

Untersuchungshäftlinge warten auf ihren Prozess – hungrig, krank und unterprivilegiert, weil sie so gut wie keine Schulbildung besitzen. Viele sitzen im Gefängnis, weil sie ein Brot oder einen Sack Kartoffeln geklaut haben«, sagt sie. Und sie fühlt Hoffnung, wenn sie sieht, dass ihre Stiftung mit gezieltem Unterricht oder frischem Obst für eine Verbesserung der Haftbedingungen und eine Perspektive sorgen kann.

Überall auf der Welt erhalten Kinder dank Königin Silvia die Möglichkeit, eine Schule zu besuchen. Neben dem Unterricht bekommen viele Jungen und Mädchen auch berufliche Unterweisung für das spätere Leben. Gleichzeitig gibt es für die Eltern einen Obolus als Entschädigung dafür, dass das Kind als Arbeitskraft für den Unterhalt der Familie ausfällt.

Man kann es sich eigentlich kaum vorstellen, aber in der Anfangszeit hatte Königin Silvia ihre Familie und ihre Umgebung mit ihrer Begeisterung für ihr *Childhood*-Projekt durchaus etwas genervt. Beim Frühstück, Mittagessen und Abendessen war *Childhood* oft das einzige Thema, von dem sie sprach. Sie wollte helfen. Einfach nur helfen.

Zum Glück hatte Silvia in jeder Minute die Unterstützung ihres Mannes und ihrer Kinder. Eine so aufwendige Arbeit neben den Verpflichtungen zu leisten, die sie als Königin von Schweden innehat, ist nicht einfach. Aber die Liebe zu allen Kindern auf der Welt schien Silvia Flügel zu verleihen.

Bei vielen Projektreisen für ihre Organisation wird

Königin Silvia von ihrer Tochter Victoria begleitet. Die beiden sind ein gutes Team. Auch die Kronprinzessin hat ein Herz für Kinder. Und sie versucht immer, ehrlich auf alles zu antworten.

Auf einer dieser Reisen wurde Victoria einmal von einem kleinen Mädchen gefragt: »Ist es schön, eine Prinzessin zu sein?«

Victoria nickte.

Das kleine Mädchen: »Wirst du auch einmal eine Königin?«

Victoria nickte zweimal.

Das kleine Mädchen: »Darüber freust du dich bestimmt!«

Victoria: »Das macht mich manchmal aber auch traurig. Denn ich werde ja erst Königin, wenn mein Papa nicht mehr lebt. Weißt du, ich liebe meinen Papa sehr. Darum kann ich nicht sagen, dass ich mich richtig darauf freue, Königin zu werden.«

Das kleine Mädchen nickte dreimal.

Prinz Carl Philip hilft seiner Mutter mehr im Stillen. Er zieht es vor, im Hintergrund zu bleiben, und ist damit nicht minder erfolgreich, denn auch er sammelt Geld auf Wohltätigkeitsfesten oder Galaabenden. Der Prinz ist bescheiden und möchte dafür keinen Dank. Wenn er zu Silvia geht und ihr berichtet, an jenem Tag habe er einen Scheck über einen bestimmten Betrag für *Childhood* bekommen, dann ist er schon damit zufrieden, wenn seine Mama ihm dankbar lächelnd den Arm drückt.

Auch Prinzessin Madeleine unterstützt ihre Mutter. Mit ihrem unwiderstehlichen Charme kann sie auf einer Spendengala alle Herzen zum Schmelzen bringen. Zudem ist Königin Silvias Jüngste inzwischen selbst Schirmherrin geworden, und zwar von einer Organisation, die unter dem Motto »Mein großer Tag« steht und sehr kranken Kindern ihren innigsten Wunsch erfüllt.

In der Pause eines Benefizfußballspiels zugunsten ihrer Stiftung wurde Königin Silvia einmal gefragt: »Für wen wären Sie, wenn dort unten im Stadion jetzt Schweden gegen Deutschland spielen würde?«

Sofort fragte die Königin zurück: »Mit einem Schiedsrichter aus Brasilien?« Dann schmunzelte sie und erwiderte ernsthaft: »Ich werde Ihnen drei Antworten geben. Sie können sich eine aussuchen:

Antwort 1: *Es hat mal jemand über mich gesagt, ich hätte einen deutschen Kopf, ein brasilianisches Herz und eine schwedische Seele. Vielleicht ist da was Wahres dran.*

Antwort 2: *Ich habe drei Kinder. Ein Erstgeborenes, ein Zweitgeborenes und ein Drittgeborenes. Und Sie können sich doch vorstellen, dass ich sie alle drei liebe.*

Antwort 3: *Meine Mutter war Brasilianerin, mein Vater war Deutscher, mein Mann ist Schwede. Sie bedeuten mir alle sehr viel. Warum soll ich sie nicht alle lieben?*«

Richtig, warum nicht! So ist es auch mit den drei Ländern Schweden, Deutschland und Brasilien. Sie sind wie Meilensteine auf dem Weg durch Silvias Leben und unauslöschlich in ihrem Innersten verankert. Alle drei Länder haben sie geprägt. In jungen und in reiferen Jahrzehnten.

Am 23. Dezember 2003 wird Schwedens beliebte Königin nun 60 Jahre jung. Wenn man ein Alter erreicht hat, in dem andere Frauen in Rente gehen, hätte natürlich auch eine Königin jedes Recht, ihren Pflichtenkatalog ein wenig einzuschränken und mehr Zeit für sich zu reklamieren. Aber davon will Königin Silvia nichts wissen. Ihr Terminkalender ist über viele Monate, bis zu einem ganzen Jahr im voraus, vollkommen ausgebucht.

Sie hat den Entschluss gefasst, dass sie sich, solange der liebe Gott ihr die Kraft gibt, für die Ärmsten der Armen einsetzen will. Und wir wünschen ihr von Herzen, dass dies noch lange der Fall sein wird.

Ein brasilianisches Sprichwort heißt: *Wir sind sterblich, wo wir lieblos sind. Unsterblich, wo wir lieben.* Königin Silvia liebt. Wenn in den Herzen der Kinder, denen Königin Silvia geholfen hat, kleine Glocken erklingen würden, dann würde dieser Klang alle Bombeneinschläge der Welt übertönen.

Anhang

Lachsbrät im Blätterteigmantel »Königin Silvia«

Für 4 Personen

Lachsbrät

150 g frischer Lachs ohne Haut und Gräten
2 TL Salz
1 Eiweiß
2 dl ungeschlagene Sahne
einige Umdrehungen weißer Pfeffer
aus der Mühle
1 Messerspitze Cayennepfeffer
20 g gehackte Trüffel
1 Liter Wasser
ein paar Dillblüten
200 g Blattspinat
Butter zum Braten
Pfeffer und etwas Muskat
250 g Blätterteig

Lachsbouillon
Gräten und Reste vom Lachs
½ Karotte
einige Petersilienstiele
½ TL Thymian
einige ganze weiße Pfefferkörner
Wasser zum Bedecken der Zutaten

Zum Pinseln
1 Eigelb

Sosse
2 große Tomaten
½ kleine Zwiebel
Butter zum Braten
Salz
einige Umdrehungen weißer Pfeffer aus der Mühle
1 dl Sahne
1 dl trockener Weißwein
1 dl von der Lachsbouillon
1 EL fein gehackte Schalotten
100 g Butter
einige Tropfen Zitronensaft
2 EL grob gehackter Dill

Lachsbrät

Das Lachsfleisch in einer Küchenmaschine zu einem feinen Brät zerkleinern. Danach mindestens 1 Stunde in den Kühlschrank stellen, damit es richtig kalt wird.

Lachsbouillon

Die Lachsgräten und Lachsreste gut unter fließendem kalten Wasser waschen. In einen flachen Topf legen und mit so viel Wasser auffüllen, dass alles eben bedeckt ist. Aufkochen, bis es schäumt. Danach die in Scheiben geschnittene Zwiebel, die Petersilienstängel, den Thymian und den Pfeffer hinzufügen. Etwa 20 Minuten ganz leicht köcheln lassen. Danach abseihen.

Lachsbrät aus dem Kühlschrank nehmen. 1 Teelöffel Salz hinzufügen, Eiweiß unterheben und alles zu einem gleichmäßigen Teig verarbeiten. Am besten mit einer Küchenmaschine. Mit weißem Pfeffer aus der Mühle und Cayennepfeffer abschmecken. Zum Schluss die gehackten Trüffel unterrühren.

1 Liter Wasser mit den Dillzweigen in einen flachen Topf geben. 1 TL Salz zufügen und alles einige Minuten kochen lassen, damit das Wasser den Dillgeschmack annimmt.

Lachsbrät zu ovalen, hühnereigroßen Klößen formen und in das siedende Dillwasser legen. Gut drei Minuten ganz leicht ziehen lassen. Mit einer Schöpfkelle herausnehmen und abkühlen lassen.

Den Spinat einige Minuten in leicht gesalzenem Wasser kochen. Herausnehmen, das Wasser aus dem Spinat pressen. Grob hacken und in gebräunter Butter dünsten, bis das meiste des Wassers verdunstet ist. Mit Salz, Pfeffer und Muskat abschmecken. Zur Seite stellen und abkühlen lassen.

Den Blätterteig so ausrollen und so bearbeiten, dass man vier kleine ovale Böden bekommt. Etwas größer als ein Hühnerei. Dann vier ovale Böden mit der eineinhalbfachen

Größe der ersten formen. Auf die kleineren Böden lege man ein Bett von Spinat, obendrauf ein Lachsbrätklößchen. Um den Spinat herum einen Rand lassen, der mit Eigelb eingepinselt wird. Das größere Blätterteigstück obenauf legen und mit dem unteren leicht zusammendrücken. Alle zusammen noch einmal mit Eigelb überpinseln. Den Ofen auf 250 Grad vorheizen. Alles auf ein Backblech legen und erst 5 Minuten bei 250 Grad, dann 10 Minuten bei 200 Grad backen.

Sosse

Die Tomaten häuten. Kerne entfernen. Das Tomatenfleisch fein hacken und mit einer halben gewürfelten Zwiebel in einer Pfanne mit etwas Butter glasig werden lassen. Vorsichtig salzen und pfeffern. Leicht weiterdünsten, bis das meiste Wasser verdampft ist. Durch ein Sieb passieren. Die Sahne, den Weißwein, die Lachsbouillon und die gehackten Schalotten in einen Topf geben. Bis zur Hälfte einkochen. Danach durchsieben. Den Topf vom Feuer nehmen. Unter ständigem Rühren mit einem Schneebesen das Tomatenpüree mit einigen Tropfen Zitronensaft dazugeben. Zum Schluß den Dill unterrühren.

Die gebackenen Lachsschiffchen auf vorgewärmte Teller legen. Etwas von der Soße darum garnieren. Den Rest der Soße in einer Sauciere servieren. Wer mag, kann dazu kleine Kartöffelchen reichen. Ein nicht alltäglicher, aber wahrhaft königlicher Genuss für Feinschmecker.

Mit freundlicher Genehmigung von Werner Vögeli und Marianne Sandberg. Aus: Hov traktören. Albert Bonniers Förlag, 1999.

Ein herzliches Dankeschön …

… allen Leserinnen und Lesern, die durch den Erwerb dieses Buches zu einer Spende an Königin Silvias *World Childhood Foundation* beitragen.

… an Holger Fries, Tonio Montel, Peter Saller, Horst Schoop, Ingeborg Wagle-Kaul, Gisela und Jan van Eijmeren, Helga und Andrea, Nadine Reddemann.

… an meine hilfreichen Kollegen von der Redaktion *die aktuelle* im Gong-Verlag aus der WAZ-Gruppe.

… posthum an Alice und Walther Sommerlath für ihre jahrzehntelange Freundschaft.

Wichtige Adressen rund um die schwedische Königsfamilie

Ihre Majestät
Königin Silvia von Schweden
Kungliga Slottet
S-11130 Stockholm
Schweden
Tel. 0046-8-4026000
Internet www.royalcourt.se

World Childhood Foundation
Stiftung für hilfsbedürftige Kinder
Wittelsbacherplatz 1
80333 München
Internet www.childhood.org
Schwäbische Bank
Kontonummer 2222
BLZ 600 201 00

Schwedische Botschaft in Berlin
Rauchstraße 1
10787 Berlin
Tel 030-50 50 60

Schwedische Botschaft in Wien
Obere Donaustraße 49-51
A-1020 Wien
Österreich
Tel (01) 21753

Schwedische Botschaft in Bern
Bundesgasse 26
CH-3011 Bern
Schweiz
Tel (031) 328 70 00

Bildnachweis

Fotos im Text

S. 2: © Mauritius/age; S. 3: Privatbesitz; S. 6: © IFA/PLC; S. 7: © dana press; S. 23: Privatbesitz ; S. 26: Privatbesitz; S. 29: Privatbesitz; S. 31: Privatbesitz; S. 34: © dana press; S. 37: *oben* Privatbesitz; *unten* Privatbesitz; S. 40: © dana press; S. 49: © dpa; S. 50: © dana press; S. 55: © unbekannt; S. 69 © unbekannt; S. 98: © dpa; S. 101: © unbekannt; S. 110: © dana press; S. 119: © dana press; S. 123: © dana press; S. 147: Privatbesitz; S. 153: © dana press; S. 158: © dana press; S. 173: © dana press; S. 191: © dana press; S. 195: © Winfried Rabanus; S. 197: © dana press; S. 215: © dana press

Anhang

S. 243: © Albert Bonniers Förlag (aus: Werner Vögeli/Marianne Sandberg: Hov traktören)

Fotos im separaten Bildteil

S. 257: © Lennart Nilsson; S. 258: © dana press ; S. 259: © dana press; S. 260: *oben* Privatbesitz, *unten* © dana press;

S. 261: © dana press; S. 262: *oben* © Winfried Rabanus, *unten* © Mauritius/José Fuste Raga; S. 263: © dana press; S. 264: *oben* © dana press, *unten* © dana press; S. 265: © dana press; S. 266: © dana press; S. 267: © dana press; S. 268: *oben* © dana press, *unten* © dana press; S. 269: © dana press; S. 270: © dana press; S. 271: © dana press; S. 272: © dana press

Es konnten trotz gewissenhafter Recherche nicht alle Urheber ermittelt werden. Wir empfehlen Rechteinhabern, die hier nicht aufgeführt sind, sich beim Verlag zu melden.

Stammbaum

Kar
(Jean

Desideria

C

Josefina vo

Karl xv (1826–1872)

Lovisa von den Niederlanden
(1828–1871)

Prinz Gustaf (1827–1852)

C

Sofia

Prinzessin Lovisa
(1851–1926)

Fredrik viii
von Dänemark (1843–1912)

Prinz Carl Oskar
(1852–1854)

G

Viktori

Gustaf vi Adolf (1882–1973)

(1) Margareta
von Grossbritannien (1882–1920)

(2) Louise B. Mountbatten (1889–1965)

Prinz Vilhelm (1884–1965)

Maria Pavlovna
von Russland (1890–1958)

Lennart (*1909)

Pr

Prinz Gustaf Adolf (1906–1947)

Sibylla von Sachsen-
Coburg-Gotha (1908–1972)

Sigvard (1907–2002)

Prinz

Fredrik ix

Prinzessin Margaretha
Frau Ambler (*1934)

John Ambler (*1924)

Prinzessin Birgitta (*1937)

Johann Georg
von Hohenzollern (*1932)

P
Barone

Niclas

Kronpr

:844)
)TTE)

777–1860)

)

1807–1876)

ɾ) | Prinzessin Eugenia (Eugénie) (1830–1889) | Prinz August (1831–1873)

-1913) | Teresia von Sachsen-Altenburg (1836–1914)

)scar (1859–1953) | Prinz Eugen (1865–1947)

ɔ) | Prinz Carl (1861–1951)

ɛ–1930) | Ingeborg von Dänemark (1878–1958)

18) | Prinzessin Märtha (1901–1954) | Carl (*1911–2003)

ɴ Margaretha (1899–1977) | Prinzessin Astrid (1905–1935)

–2000) | Prinz Bertil (1912–1997) | Carl Johan (*1916)

899–1972) | Lilian B. Davies (*1915)

ɛ | Prinzessin Christina Frau Magnuson (*1943) | Carl XVI Gustaf (*1946)

(*1938)

*1934) | Tord Magnuson (*1941) | Silvia Sommerlath (*1943)

(*1977) | Prinz Carl Philip (*1979) | Prinzessin Madeleine (*1982)